北京外国语大学双一流重大标志性项目

项目批准号 2021SYLZD011

国别通史译丛

李雪涛◎主编

坦桑尼亚人斗争史

Historia ya Mapambano
ya Mtanzania

【坦桑】H．马蓬达（H.Mapunda） 著

魏媛媛 孔 元 译

华东师范大学出版社

·上海·

图书在版编目（CIP）数据

坦桑尼亚人斗争史/（坦桑）H. 马蓬达著；魏媛媛，孔元译. -- 上海：华东师范大学出版社，2024. --（国别通史译丛）. -- ISBN 978-7-5760-5682-2

Ⅰ. K425.8

中国国家版本馆 CIP 数据核字第 2025U9Q637 号

国别通史译丛
坦桑尼亚人斗争史

著　　者	［坦桑］H. 马蓬达（H. Mapunda）
译　　者	魏媛媛　孔　元
策划编辑	王　焰
责任编辑	朱华华
责任校对	刘伟敏
装帧设计	刘怡霖
出版发行	华东师范大学出版社
社　　址	上海市中山北路 3663 号　邮　编 200062
网　　址	www.ecnupress.com.cn
电　　话	021-60821666　行政传真　021-62572105
客服电话	021-62865537　门市（邮购）电话　021-62869887
地　　址	上海市中山北路 3663 号华东师范大学校内先锋路口
网　　店	http://hdsdcbs.tmall.com
印 刷 者	上海锦佳印刷有限公司
开　　本	890 毫米 × 1240 毫米　1/32
印　　张	10
字　　数	202 千字
版　　次	2025 年 3 月第 1 版
印　　次	2025 年 3 月第 1 次
书　　号	ISBN 978-7-5760-5682-2
定　　价	79.80 元
出 版 人	王　焰

（如发现本版图书有印订质量问题，请寄回本社客服中心调换或电话 021-62865537 联系）

总　序

一

　　欧洲自基督教史学产生起,形成了宏观人类史的编纂传统。17世纪以后,以欧洲为中心的"普世史""世界史""通史"等宏观世界史著作贯穿于西方史学之中。然而,到了19世纪中叶,随着职业历史学的产生,欧洲史学开始依赖档案资料和局限于民族国家,民族国家史由此兴盛起来。20世纪上半叶,尽管像斯宾格勒(Oswald Spengler,1880—1936)的《西方的没落》[①]和汤因比(Arnold Joseph Toynbee,1889—1975)的《历史研究》[②]得以出版,但这些历史著作大多存在两个局限:一是以欧洲史为中心;二是将各地历史简单地罗列在一起,缺乏相互联系。

[①] Oswald Spengler, *Der Untergang des Abendlandes. Umrisse einer Morphologie der Weltgeschichte*. Band 1: Wien 1918, Band 2: München 1922. 中文译本参见吴琼译:《西方的没落》(全二卷),上海:上海三联书店,2006年。

[②] Arnold J. Toynbee, *A Study of History* (12 volumes),Oxford: Oxford University Press,1934—1961. 中文译本参见刘北成、郭小凌译:《历史研究》,上海:上海人民出版社,2019年。

19 世纪是欧洲的世纪,由于欧洲成功地塑造了现代知识体系,特别是成功地向非欧洲国家实现了"文明传教",非西方的历史叙事也开始向欧洲人的叙事方式靠拢,开始符合统一的"文明"标准。启蒙运动以来的理性历史研究法也被认为是普适性的历史学,被全世界当成了历史发展的尺度。随着欧洲和美国对全球秩序的主导,非西方社会开始认可这种秩序,同样也将自己的历史叙事编织进民族国家与文明进步的故事中。在这里,以往被非西方的历史学家看作是对历史思维现代化的贡献,变成了强加在其他民族身上的霸权思想。传统的历史观念往往以进化论的时间观、民族国家为基础的历史现实分割,以及统一的历史叙事为核心。在许多国家,一种经过简化的世界历史被用作衡量和评估每个国家发展状况的标准。历史进程通常被解释为内部因素的结果,进步被认为是由内部力量推动的,而进步的缺失则被归因于内部的障碍和限制。由于权力的不对称性,欧洲中心主义的历史叙事曾经长期占据主导地位。然而,这并不意味着这是唯一的叙事方式,也不意味着它没有受到批评。早在 1902 年,中国近代思想家梁启超(1873—1929)便借由日本的世界史翻译和书写很快地意识到西方"世界史"的缺陷:"日本人所谓世界史、万国史者,实皆两洋史耳。泰西人自尊自大,常觉世界为彼等所专有者然,故往往叙述阿利安西渡之一种族兴废存亡之事,而谬冠以世界之名,甚者欧洲中部人所著世界史,或并美国、俄国而亦不载,他更无论矣";他批判"以欧罗巴史而冒世界史、万国史之名者"。①

二

1963 年,威廉·麦克尼尔(William H. McNeill, 1917—2016)的著作《西方的兴起:世界的共同体》②出版,被广泛认为是"新世界史"(全球史)兴起的一个重要起点。麦克尼尔试图通过考察各大文明之间的互动,特别是西方文明如何在全球范围内占据主导地位的历史进程,来理解世界历史的发展脉络,从而开创了一种新的历史叙述方式,即从全球视角看待历史,而不仅仅是从欧洲或西方的视角。它为后来的全球史研究提供了框架和灵感。自 20 世纪 70 年代起,"新世界史"在美国的研究和教学中得到了发展,并在 80 年代末成为大学中的一门学科。20 世纪 90 年代以后,全球史的理论和方法被引入中国。全球史作为一种研究方法和研究对象,包含了以下几个核心理念,这些理念不仅重新定义了历史研究的视角,还推动了历史学科的

①　梁启超:《东籍月旦》,载梁启超著,汤志钧、汤仁泽编:《梁启超全集》(第三集·论著三),北京:中国人民大学出版社,2018 年,第 473 页。

②　William H. McNeill, *The Rise of the West: A History of the Human Community*, Chicago: University of Chicago Press, 1963. 中文译本参见威廉·麦克尼尔著,孙岳、陈志坚、于展译:《西方的兴起:人类共同体史》,北京:中信出版社,2015 年第 1 版; 2018 年第 2 版。该版本包含麦克尼尔亲自撰写的《致中国读者》,其翻译得到了较高的认可。

跨学科整合与发展。

第一,是突破民族国家的界限。以往的历史研究以民族国家为基本单元,而全球史则打破了这一界限。它以跨文化的历史现象为研究对象,强调历史事件和过程的全球性以及相互关联性。这种方法使研究者能够更全面地理解历史现象,不再局限于单一国家或文化的视角。

第二,是强调国别历史事件背后的相互关联性。全球史注重将研究对象置于广阔的相互关系情境中进行理解和考察,从而不再孤立地看待各种历史事件,而是将其作为更大历史进程中的一部分,受到多种因素的共同影响。通过这种整体视角,研究者能够揭示历史背后更深层次的因果关系和互动模式。同时,全球史强调历史的互动性,将研究对象置于一个由多方参与的互动网络中。不同文化、国家和地区之间的相互作用被视为推动历史发展的关键因素。在这种观念下,历史的主体不再单一,而是由多个互动者共同构成,彼此互为主体。

第三,是去除各种中心主义。全球史积极颠覆自17世纪以来以西方为中心的历史叙述,主张从多元文化和多中心的角度来看待历史。它反对将西方历史视为全球历史的主线,倡导研究和承认其他地区和文化对全球历史发展的贡献,从而构建一种更为平衡和公正的全球历史观。

因此,全球史突破了以民族国家为单位的历史研究传统,强调跨文化现象及其全球性和相互关联性;它注重历史事件背后的互动网络,揭示多方互动对历史发展的关键作用;它反对中心主义,倡导多元文化和多中心的历史观,构建更平衡和公正的全球历史叙述。

三

之所以会发生这种从民族史向全球史的转向,一个主要的原因在于当今的历史学家积累了相当丰富的欧洲以外的历史和文化知识,并且全球帝国史、战争史以及经济史的关联性使人们充分认识到,民族国家和个体社会都不能孤立地存在,更不可能单独决定其自身的命运。正是在这样的大背景下,全球史的学者开始运用跨学科的方法,以克服知识结构的碎片化。当今的全球史研究不仅限于历史学科,还广泛吸纳了社会学、人类学、地理学,乃至自然科学等多个领域的方法与成果。这种跨学科的研究方式使全球史具有更强的解释力和分析深度,能够更好地应对复杂的历史问题,并体现出极大的学术活力。通过这种方法,研究者能够更加全面和多维地理解历史现象,从而推动历史学科的创新与进步。

依据美国心理学家尼斯贝特(Richard Eugene Nisbett,1941—)的观点,希腊人相信世界的稳定性,他们用分析的、原子主义的术语,亦即从固定的属性或性格方面来理解自然和人类社会。他们把研究对象看作是离散的、与环境分离的;他们把事件看作是以线性方式运动的,并且能够人为地予以控制……凡此种种,都是他们在自然科学方面取得巨大成就的原因。而对于中国人来讲：

> 世界本质的背景图式是物质的整体，而不是互不关联
> 的物体的集合。看一块儿木头，中国哲学家看到的是由单
> 一物质组成的无隙的整体或者是几种物质水乳交融而构成
> 的整体。希腊哲学家看到的是由微粒组成的物体。不管世
> 界是由原子构成还是由在希腊争论过的连续不断的物质构
> 成，这个问题在中国从来没有出现过。①

尼斯贝特通过自己的实验也证明了，亚洲人看大局，看对象与环
境的关系，以至于他们在视觉上很难将物体与环境分开；西方人专注
于对象而轻视整体的环境，他们所观察到的对象和环境中的关系比
亚洲人少："中国人关注的是更广阔范围的事件；研究的是事物之间
的关系；中国人认为不了解整体就不可能理解局部。"②因此，包括
"关联性"在内的源自东亚思想中的很多观念，借由对全球史问题的
反思，很可能会与西方思想共同形成一种对双方都有益的新理论。③

---

① 理查德·尼斯贝特著，李秀霞译：《思维的版图：西方人见木，东方人见森》(脑与人生丛书)，北京：中信出版社，2006 年，第 12 页。
② 出处同上，第 XXI 页。
③ 相关的研究见：李雪涛：《论东西方对全球史"关联性"不同的认识——东亚文化对全球史研究的可能贡献》，载李雪涛、沈国威主编《亚洲与世界》(第 6 辑)，北京：社会科学文献出版社，2023 年 10 月，第 3—13 页。

四

正是在这一大背景下,《国别通史译丛》(基于本民族语言的国别史)的意义才得以凸显出来。以往我们的世界史译著,大都是从英文转译而来的,包括被殖民的一些国家也在使用宗主国语言撰写有关自己国家的历史。第二次世界大战以后,很多曾经被殖民的独立国家开始重写自己与西方的历史,因为从被殖民的那一刻起,殖民地的历史已经被殖民者扭曲成为野蛮人的历史,而西方的历史则被升华为殖民地的拯救史。实际上,非西方国家的世界史叙事在很大程度上依然只是英语世界史叙事在不同语言中的延续而已。因此,第二次世界大战之后的非西方国家,以自己的民族语言重写自己的历史是一种对西方以真理自居的知识系统——"普世历史"的挑战,其目的在于建构属于自己的历史叙事,从而找回过往的历史经验,赋予本民族历史新的意义。

实际上,一直到今天,民族国家依然代表一种重要的社会及政治组织的历史形式,因此无论如何也不可能对民族国家历史的叙事置之不顾。民族国家虽然已经不可能作为唯一的历史分析单位,但却是不可或缺的研究对象和视角。这些著作不仅涵盖了亚洲、欧洲、美洲、非洲、大洋洲中民族国家的历史,更重要的是,它们由各国本土学者以各自的民族语言撰写,具备了高度的原始性和独特的视角。

　　用民族语言撰写的本国历史在全球史研究中具有独特的意义，它能够提供原汁原味的历史视角，保留文化细节，促进多元视角的交流，并增强全球史研究的完整性和多样性。举例来讲，14世纪的阿拉伯穆斯林历史学家伊本·赫勒敦（Ibn Khaldun，1332—1406）的名著《历史绪论》（Muqaddimah，1377）是用阿拉伯语撰写的世界史著作，在书中他提出了关于社会、经济和政治发展的一些开创性理论，对历史编纂学、文化史学和历史哲学都进行过深入探讨。这部作品是研究伊斯兰文明及其历史的基础文献之一。如果只通过翻译版本或二手资料了解伊斯兰历史，可能无法完全理解其复杂性和原始的学术观点。阿拉伯语原作不仅保留了语言的独特风格和文化背景，还帮助学者更准确地把握作者的思想，从而在全球史研究中提供一种非西方的学术视角。反之，美国人类学家鲁思·本尼迪克特（Ruth Benedict，1887—1948）的英文著作《菊与刀》①虽然是研究日本文化的经典著作，但它所使用的文献基本上是英文文献，并且由于作者没有日本学的背景，因此不可避免地带有西方文化的视角和价值判断。在研究日本历史时，如果仅依赖这类西方学者的著作，可能会忽略一些文化细节和本土视角。然而，通过阅读日本学者用日语撰写的历史和文化著作，研究者能够更深入地理解日本历史发展的内部逻辑和文化

---

① Ruth Benedict, *The Chrysanthemum and the Sword: Patterns of Japanese Culture*, Houghton Mifflin, 1946. 中文译本参见崔树菊、吕万和译：《菊与刀》（日本丛书），北京：商务印书馆，1990年。

特性。这种以民族语言撰写的研究著作能展现出更为丰富和多层次的历史事实，有助于打破西方中心主义的框架，丰富全球史研究。

以民族语言撰写的本国历史文献在全球史研究中起着至关重要的作用，它们提供了与全球事件相关的本土视角，保留了文化特有的细节和情感，弥补了跨文化研究中常见的语言和文化障碍。因此，在全球史研究中，重视和利用这些民族语言的历史著作，可以更全面地理解各国历史的复杂性，增强全球史研究的多元性和深度。

本译丛尽管是基于民族语言的国别史，但我们的目的并非止于国别史，而是要超越国别史，实现全球史转向。这套基于民族语言的国别史译丛，让汉语的读者能够重回各种国别史的民族叙事，而不是借助于英语对这些民族史进行重构，我认为是非常重要的，它对于建构全球史的互动观，反对各种中心论也是非常有价值的。

五

感谢北京外国语大学将《国别通史译丛》列入了"一流学科建设项目"。第一辑拟出版《坦桑尼亚人斗争史》《法国史》《意大利史》《奥地利史》《西班牙史》《巴西史》《德国史》七种。这些著作都是由所在国历史学者用各自的民族语言撰写的，大部分并没有英译本，因而在全球史的研究领域中，这些著作可能尚未得到足够的国际学术关注，因此其汉语译本对于中国乃至东亚的全球史研究者来讲，将是极其重要的文献资料。我期待,中国乃至东亚的学者能够借助这些译本,在比较史学和翻译研究方面有所突破,形成东亚对全球史理论的特别贡献。在比较史学方面,这些译本为学者们提供了从多样的文化和历史视角进行比较分析的可能,使他们能够发现不同国家历史发展过程中的共性与差异,从而丰富全球史的理论框架。在翻译研究方面,这些译本的出现为学者们提供了新的研究材料,他们可以研究如何将不同文化背景下的历史文本准确而生动地翻译成中文,并探索翻译过程中的跨文化传播和语境转换问题。

更为重要的是,通过对这些译本的深入研究和探讨,东亚学术界有望在全球史的理论建设中作出独特贡献。传统的全球史研究主要以欧美学者为主导,而本译丛的出版将有助于打破这一学术格局,使东亚学者能够提出基于本土文化视角的全球史理论,从而在全球学术界发出更为多元和有力的声音。

总而言之,本译丛的出版不仅是北京外国语大学的一项重要学术工程,更是推动全球史研究多元化、深化跨文化学术对话的重要举措。这些译本将为中国乃至东亚的学者提供宝贵的研究资料,助力他们在全球史研究领域取得新的进展,并在国际学术舞台上发挥更为积极的作用。

李雪涛 2024 年 8 月 22 日处暑日

北京外国语大学历史学院/全球史研究院

献　词

　　献给我已故的父亲希拉利·达乌卡·马蓬达（Hilari Dauka Mapunda）、母亲梅纳朵拉·马尔库斯·尼卡塔（Menedora Markusi Nyikata）和我的兄弟拉斐尔·马蓬达（Rafaeli Mapunda）等人。这本书也献给普罗塔斯·卡兹孔戈·马蓬达（Protasi Kazinkonge Mapunda）和其他的同胞，饱受殖民统治剥削的他们在1939—1945年的大战中献出了生命。怀念我的堂兄罗伯托·威廉姆·姆布瓦伊奇（Roberto Williyamu Mbwaiki），我智识上的所有成就都有赖于他的支持，这是我永远无法偿清的恩情。同样怀念所有在反帝国主义、反殖民主义和反对新殖民主义事业中抛头颅洒热血的非洲同胞和全世界的革命者。最后，我还希望以此书激励所有正在社会主义革命道路上奋进的人们。

目　　录

序　言

让我应允为此书提笔作序的原因有很多。首先，是出于我对作者为编写历史著述和发展历史学科所作出的巨大努力的认可。其次，我有幸在本书付梓之前就得以拜读，也就因此有机会与作者探讨他在写作中遇到的问题，讨论我们社会各个时期的历史发展。

我曾阅读过马蓬达的多部著述。他的第一部作品《坦盟①的历史》(*Historia ya TANU*)于 1974 年发表于基武科尼政党学院期刊《乌贾马》(*UJAMAA*)的第 36 和 37 期，这篇文章也首次为坦桑尼亚人的政治运动带来了新的视角。随后他出版了著名的《非洲人斗争史》(*Historia ya Mapambano ya Mwafrika*)，此书享誉坦桑尼亚内外。已经读过上述作品的读者，切不可错过本书。

《坦桑尼亚人斗争史》不仅深入探讨了阶级斗争问题，还以流畅的文笔生动地描绘了坦桑尼亚人民的斗争历程。作者的分析鞭辟入里，对一些至今仍被公众误解或忽视的事件，运用哲学方法进行了深刻的剖析。坦桑尼亚人民在阅读本书后，将获得政治和思想上的启

---

① 坦盟(TANU)，全称坦噶尼喀非洲民族联盟。——译者

发,同时也将进一步认同举世之内人人平等的价值观。

对于历史学家来讲,马蓬达跳脱出传统的经验主义道路,让我们开始意识到,在社会变化和发展的诸多驱动因素中,既有外因,也存在内生动力。社会的发展不会停顿,我们的社会也许会在某一阶段暂时陷入困境,但在内外因素的共同作用下,社会终会走出困境。很多社会变革就是源于社会发展的内在需求。又因为我们的社会并不是一个孤岛,人们在各个方面都相互影响。此外,另一公认事实是,一个社会如果失去了内生的动力,那么外界因素也将失去影响力。因此,社会间的相互联系和影响实际上意味着,每一个社会都能够自我发展,自我学习,同时也能为其他社会的发展提供借鉴经验。

我无意于洋洋洒洒宛如另写新书,因而不在此过多赘述。但提笔写下这篇序言时,我确感到身上有一些必要履行的责任,首先是准确完整地介绍本书,其次是要同读者们一起,向本书的作者马蓬达道贺。这本书不仅对坦桑尼亚同胞而言是重要的文化遗产和宝贵的精神财富,同时还将激励其他学者和同行在此领域继续深耕,在研究之路上继续前行。对于马蓬达本人来说,这份祝贺饱含着对他的鼓励和支持,希望在将来他能为坦桑尼亚人民、为史学界带来更好的作品。在序言里我再做过多的推介也无益,唯有读者和有关部门及机构意识到这本书的重要性,它的价值才能真正得以彰显。

G. P. 穆潘加拉(G. P. MPANGALA)

致　谢

　　我向所有我在本书中提及的采访对象致敬,感谢他们提供的关于殖民时期,尤其是 1954 到 1961 年期间的民族解放运动的信息。他们中有前总理 R. M. 卡瓦瓦(R. M. Kawawa),已故的前青年军指挥官、1951 到 1977 年坦盟大会执行委员会的代表拉贾布·迪瓦尼(Rajabu Diwani),坦盟的创始人之一帕特里克·库南比(Patriki Kunambi),以及费尔南德兹·戈苏荷西·吉塔基诺(Fernandezi Gisuhosi Gitagino),他是带领国家政治觉醒的先锋,也是坦噶尼喀非洲人协会(TAA)①和坦盟的领导人之一。

　　我还要感谢艾格尼丝·萨哈尼·基格瓦(Agnesi Sahani Gigwa)、史蒂芬·S. 马索梅(Stefano S. Masome)、赫泽罗尼·马卡兰加·姆潘达察洛(Hezeroni Makaranga Mpandachalo)、威尔逊·马索塔·布努马(Wilsoni Masota Bunuma)、威廉·伊奇维克乐兹(Wiliyamu Ichwekelezi)和埃利亚斯·阿莫西·基森格(Eliasi Amosi Kisenge)。1954 到 1961 年他们为坦盟的巩固和发展作出的努力让

---

① 　坦噶尼喀非洲人协会简称坦非协会。——译者

3

人难以忘怀，我一并向他们致以同样深情的谢意。我同样感谢阿里·赛克斯（Ali Saiki）、约翰内斯·亚历山大·恩尊达（Yohana Andasani Nzunda）、K. A. 马利玛（K. A. Malima）、姆维尼姆瓦·金加鲁（Mwinyimvua Kingaru）、尤素福·奇恩贝拉（Yusufu Chembera）、拉希德·萨罗姆·姆蓬加（Rashidi Salumu Mpunga）、巴谢客·A. 米基达迪（Basheiki A. Mikidadi）、萨义德·纳索罗（Saidi Nasoro）、穆罕默德·米希加伊（Mohamedi Mihijai）、穆罕默德·哈米斯·姆基瓦（Mohamedi Hamisi Mkiwa），他们为我提供了有关坦噶尼喀非洲人协会和坦噶尼喀非洲民族联盟领导下的反殖独立斗争的宝贵信息。

我也向在我研究坦桑尼亚独立运动的过程中慷慨给予帮助的所有人表示感谢，人数之众，恕我不能在此处一一提及。借此机会我还要感谢坦桑尼亚出版社的 M. 穆勒考兹（M. Mulokozi）及其他同仁，他们阅读了本书初稿，并为我提出了宝贵意见。感谢允许我引用作品的前辈与同仁。最后，感谢穆潘加拉为本书题序。

H. 马蓬达

前　言

本书对坦桑尼亚人从最初直到今日的为争取独立和解放的斗争史作出了简要的介绍。

> 我们被低看已久，
>
> 我们被剥削已久，
>
> 我们被污名化已久，
>
> 弱小是一切的源头，
>
> 蔑视、剥削、谩骂，
>
> 现在是时候用革命来推翻它。①

我们有必要在开头就厘清解放的概念和为了争取解放而进行斗争的对象，我们需要展示坦桑尼亚人民民族解放运动的不同阶段采用的各种斗争形式。

在《非洲人斗争史》中，历史被解读为一个活生生的主体，因为不

---

① Azimio la Arusha.

同于土壤和动物的历史,人类的历史是人与环境进行斗争的全部行为的总和。这种斗争的目的,是逐步使社会摆脱弱小的状态,并征服制约人类已久的环境①。

"弱小"一词的含义丰富而深刻。第一种"弱小",简单来说,是天生的。科学技术经验的不足和生产能力的落后,导致人类无法与自然相匹敌,由此形成的愚昧落后是"弱小"之源。一直以来,与动物不同,人类为了自己和世世代代的生存,从未停止与大自然和环境的斗争。

这种原始的能力上的不足是所有人类社会都曾面对的,但是由于各个社会科技发展方式的不同,各个社会所采用的应对方式也是不同的。因此,时至今日,坦桑尼亚和许多社会没有摆脱弱小,而另一些社会已经获得自我解放,并取得了瞩目的成就。

第二种"弱小",对于坦桑尼亚人和非洲人来说,是由奴隶贸易、旧殖民主义和新殖民主义等带来的。

因此,坦桑尼亚人的斗争对象是大自然,是奴隶贸易和奴隶制,是旧殖民主义与新殖民主义。这一切都在使坦桑倒踏步发展。同时,资本主义和殖民主义让坦桑尼亚进入了资本主义社会。正因如此,1967年坦盟才决定要建设乌贾马社会主义,乌贾马社会主义制度的目标就是将坦桑尼亚人从违背社会发展规律的资本主义剥削制度中拯救出来。

H. 马蓬达

---

① 人类周遭所有事物的总和。

第一章
奥杜瓦伊与人类简史

著名的奥杜瓦伊峡谷（Olduvai）位于坦桑尼亚大陆阿鲁沙省（Arusha）哈南吉县（Hanangi），坐落于东非大裂谷之中。峡谷中的火山灰质土壤使得骨骼和其他遗迹化石能够在不同的环境中长久地保存下来。有经验的化学家们用碳14测定法和其他检测方法推算出了这些化石形成的大致时间。

奥杜瓦伊峡谷之所以能被世界所知，是源于已故的利基（Liki）博士的研究。利基博士几乎穷尽一生，在这个区域做了大量的考古发掘工作。考古学家在奥杜瓦伊峡谷地区不同地层里都发现了人类的头骨，在这里发现的化石被认为是目前已知现存最早的人类化石。我们将此区域的土层由深到浅划分为五层，在第一层，即最底层发现的人类骨骼化石与狒狒、黑猩猩的差别不大。利基博士将其命名为"东非人"（Zinjantropasi）。需要注意的是，与东非人头骨一同被发掘的还有石器工具，"人"之成为"人"并不是由于外在的自然条件，而是源于文明——劳动和思想的结晶。

在第一层发掘出的石器工具有的是"东非人"自己制作的，有的是收集而来的。人类与猿猴的区别就在于，人能够制造和使用工具，而猿猴不具备这种能力。因此它们缺失了被称为"人类"的重要特征。

"东非人"所掌握的技术水平不高,能力有限,前肢仍用于行走,脑容量不大。总体来说,东非人还是受制于自然环境。

在奥杜瓦伊峡谷第三土层发现的"东非人"在两个方面取得了重要的发展。首先通过分析研究在骨骼化石附近出土的工具,可以看出,他们的工具制造能力,也就是技术水平,有了很大的提升。其次,他们的生理特征也发生了变化。不仅脑容量变大,而且已经进化成为直立行走的直立人。也就是说,"东非人"的两个前肢不再参与行走,逐渐进化成为"手",但与现代人相比仍有区别。专家在测定第四土层出土的骨骼和工具化石之后认为,这种"东非人"生活在距今至少一万年之前,且在生理上已经与现代人类非常相似。

虽然远古时期的人类骨骼化石在世界其他地区也有出土,但正如前文所述,在奥杜瓦伊峡谷出土的这些"东非人"骨骼化石已被学界专家一致确认为迄今为止发现的最古老的人类骨骼化石。

接下来,我们有必要对"人"的概念进行界定。目前有两种观点。首先是宗教论,上帝在创世之初创造了天地。《圣经》作了进一步的阐述,上帝在创造了各种事物之后,按照他自己的样子造出了人,一男一女。有的神创说理论还提到,上帝造人这件事发生在公元前4004 年。[1]

---

[1] L. S. B. Leakey, *Adam's Ancestors*, Methuen and Co. Ltd., London, toleo la 4, 1953, p. 1.

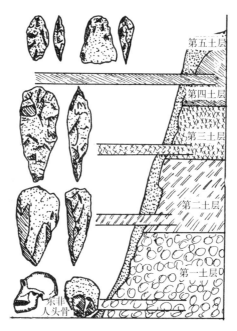

图 1 奥杜瓦伊峡谷的东非人头骨以及在不同时期使用的石器工具。

《圣经》还提到，最先被创造出来的亚当和夏娃在各方面都已经尽善尽美了，对他们而言，没有必要再去劳动以谋求自我发展和改善了。他们开始劳动是由于品行不端，曾经冒犯过上帝，而受到了诅咒。

这种说法在宗教中流传已久，渐渐成为了不能被质疑和批判的神圣真理。

在作者看来，这种说法纯属无稽之谈。原因有二。首先，这种说法歪曲了劳动的意义，让人们相信劳动是作为一种对犯了错的亚当和夏娃的惩罚手段而出现的，而事实上，劳动是人类生产生活的基础，是人之所以成为人的原因。其次，这种说法会让人们相信亚当和夏娃作为世界上最先被创造出的两个人，拥有比现代人更强的掌控自然的能力。事实上，人类所掌握的科学技术和生产经验是一个世纪又一个世纪慢慢积累下来的，彼时的亚当和夏娃不可能掌握与本世纪相同的科技水平。

从科学的角度来讲，"人"是劳动者，是工具的制造者和使用者。为了满足生活需要，便利生产生活，人类制作了各种工具。从"东非人"时期开始，人类就开始根据自己的需求制造各种工具了，随着时间的推移，工具被不断改造，变得更加坚固耐用。最初人们使用石块制作武器等工具，后来人们掌握了用树枝和骨头制造箭的工艺，大约在距今一万年前，人类开始掌握冶铁技术，这时制造的工具也更加精美。时至今日，科技水平已有了显著提升，人类能使用各种各样的原材料满足多种用途，例如制造药品、生产工具、机械和交通工具。这些工具都是为了满足人类生活与工作的各种需求而发明生产出来的。

每当人类发明出一种新的工具或是机械，这些生产和创造经验都将进入全人类的遗产宝库，惠及全世界的人民。

奥杜瓦伊峡谷举世闻名，主要有两个原因。首先，科学家和历史学家可以在奥杜瓦伊峡谷的不同土层观察到连续的人类进化过程，这是目前来说全世界独一无二的。[①] 其次，奥杜瓦伊峡谷不仅出土

---

① H. Mapunda, *Historia ya Mapambano ya Mwafrika*, TPH, 1976, p. 6.

了人类化石,而且还有同一时期所使用的各种工具。

"东非人"是由原康修尔猿(Prokonsulu)进化而来的,这种动物在世界各地都有分布,从原康修尔猿到"东非人"在奥杜瓦伊峡谷的进化过程是人类进化史的典型代表。

因为自然环境的巨大差异,不同大陆上的人类社会发展的方式也千差万别。肤色的不同便是对不同环境适应的结果。有的大陆生活着黑皮肤的人,另一些地区有白皮肤的人,还有红皮肤的人,但无论是肤色还是人种,都不应该成为判定优劣的标准。科学技术和经济发展水平上的差异也不应该用来区分人性的优劣。人人平等,在各种生活环境中学习新技术,获得新经验的能力就是证明。

为了更好地理解下文坦桑尼亚人民争取解放的斗争,我们有必要在这里再次讲明一些重要地区和群体的名称。

族　　群	地　　区
非洲人	非洲
亚洲人	亚洲
欧洲人	欧洲
美洲人	美洲
澳大利亚人	澳大利亚
毛利人	新西兰岛
爱斯基摩人	格陵兰岛

我们有必要将分布在坦桑尼亚的非洲人细分为两个分支,第一个分支称为堪萨人(Wakansanodi),曾主要在赤道以北生活,第二个分支为卡普林人(Wakaprinodi),主要在赤道以南活动,这两个分支都是起源于非洲本土的族群。① 我们此处的分类与人种的优劣无关,但是很多历史学家都曾在他们的著作中对非洲人进行带有歧视性的分类。本书中的分类法正是为了与先前的偏见对抗,希望能用清晰深刻的分析为学界提供更为公允的参考与借鉴。

① H. Mapunda, *Historia ya Mapambano ya Mwafrika*, TPH, 1976, p. xv, xviii.

第二章
社会发展历程

一、 农耕文化与冶铁技术

人类长期以来一直在与贫弱落后作斗争,大约一万年前的人类祖先取得了很大进展。历史学家发现,那一时期的很多社会群体已经掌握了火的使用、农耕和冶铁等技术。

最初,火的使用并不是一件寻常的事,很多历史学家都认为,最初人们开始使用火只是为了御寒。

最早的农耕社会可能出现在中东地区。进入农耕社会就意味着掌握了种植粮食作物的技术,能够畜养猪、狗、牛、羊等原本为野生的动物。冶铁和铸造铁制工具的技术也很有可能源于同一区域,随后传至世界各地。

在一些与中东地区没有联系的社会也出现了畜牧、冶铁和铸造技术的发展。在非洲大陆,据说公元前 3600 年西非的曼丁戈人(Wamande)开始从事农耕生产,距今 3 000 年前,堪萨人就已经掌握了冶铁技术。亚洲与撒哈拉以北非洲地区贸易传统悠久,所以有一种说法指出,是亚洲人将冶炼、农耕和畜牧养殖技术带到了撒哈拉以北的非洲地区。

掌握了农作物种植和家畜饲养技术后,人类的生活状况得到极大改善,原始农业的发展为古代人类文明社会的形成奠定了重要的物质基础。

原始农业的发展使得人类开始了定居生活,人类群体必须在一地停留,直到所耕种的作物成熟收获,形成了"村落"式的长期聚居生活。

聚居的社会在一定程度上摆脱了曾经野外采集和狩猎的不稳定性,受到野兽意外攻击而丧命的可能性也大大降低。人们渐渐不再继续居无定所的游牧生活,而开始建造简易的房屋作为栖身之所。

随着科学技术的发展,人们对火的使用也变得更加熟练和频繁。人们使用火来冶铁和制陶等,也用火来烹煮和烧烤食物。除此之外,火种还被用于狩猎、清洁和照明。

从另一个角度讲,原始农业的发展也带来了很多其他影响。农业不仅让人们过上了群居的生活,而且促进了人际交往,便于人们相互交换生活经验。农业的发展给人类社会带来了剧烈的变化,推动了工具制造技术的更新,技术的发展反过来也提高了粮食的产量,从而提升了人类的生活质量,促进了人口的增长。

与此同时,社会组织开始出现。为了保障群体中的人身与财产安全,一个负责管理群体的组织应运而生,这种组织形式就是早期政府的雏形。早期的社会组织规模不大,尚未具备现代政府的组织架构,负责的事务也十分有限,但可以满足当时社会的发展要求。原始氏族是以血缘关系为基础自然形成的社会组织,由氏族首领和长者议事会共同管理和商定重大事宜。与后来的殖民统治者不同,这一阶段的首领对群体仅有管理职责,仅仅为社会发展提出建议和解决方案,但不是社会的统治者,他们没有任何特权,与其他氏族成员一样平等地参加劳动和分配劳动产品。

最初的社会组织并不是社会群体刻意组建的,而是由于在长期的共同生产和生活中,人们对社会公平有了共同的需求才自然形成的。

一般来说,氏族首领是在社会生产和管理活动中产生出来的德高望重的长者,首领的威望往往都取决于他们过人的才能和品行。例如有的擅长竞技,有的在狩猎、捕鱼、农事、医术或铸造方面有过人之处。

随着社会不断向前发展,早期的政府雏形也与时俱进,规模不断扩大,社会组织不断完善。一些氏族或部落首领"姆特米"(Mtemi),由于自身出色的管理才能,深受人民爱戴。随着社会组织成员的不断增加,为了巩固统治,姆特米任命他的孩子们为次级的氏族首领。这些次级首领被称为"姆特瓦莱"(Mtwale)和"姆瓦南格瓦"(Mwanangwa)。① 与姆特米相比,他们的权力有限,只能服从姆特米的指令。也有一些小首领逐渐建立起了自己的权威,渐渐脱离原先

---

① 姆特米、姆特瓦莱和姆瓦南格瓦都是苏库马和尼亚姆维齐语的称谓。我们用这些特定名词来讲解坦桑尼亚和非洲的治理过程。

隶属的姆特米,自立为新的部落首领。

　　随着社会的进一步发展,氏族首领开始宣称他们的职权不是"管理"社会事务,而是"统治"社会,这一思想背离了原始社会传统的民主制度——原始社会氏族内部共同事务的管理体制,首领由德行兼备、能力过人、品行良好的人担任。

　　除了行政机构,社会经济组织也开始出现,例如手工作坊和贸易团体。由于社会分工的存在,社会成员会进行商品交换,最初的贸易活动采用以物换物的形式进行,直到很久之后,货币才作为简化商品交换过程的媒介被广泛使用。我们上文提到的劳动、政府、经济、生产经验、科学技术等,从广义上来说,都是文化的一部分。坦盟十五大将文化定义为一个民族意志和生命力在日常生活中的表达。[①] 游戏、竞技、舞蹈、歌曲仅仅是文化的组成部分,广义上看,文化是劳动的产物,是关于制造、生产和科技发展的所有问题。简单来说,文化是人类借助独有的能力制造和使用工具而做的所有事情。人类能够控制自己的声音,能够将声音转化成有意义的语言,也能够根据自己的需求遣词造句。人类可以用语言艺术来进行娱乐,还可以用语言来表达情绪和情感。牛或其他动物就不具备这种能力,它们只能发出叫声。因此在世界各地,牛的叫声大同小异,没有意义,而人就不同。尽管中国人、韩国人、英国人、德国人、坦桑尼亚人或卡拉哈里人

---

① Maazimio ya Mkutano Mkuu wa TANU wa 15,katika *Maendeleo Ni Kazi* na TANU,1973,uk. 32.

的语言并不相似，但人拥有智慧，经过学习，来自世界各地的人们可以相互理解，相互沟通。作为劳动者的人类意识到了语言对于发展文化和进行日常活动的重要性。随着社会的发展，语言也渐渐因为人类的使用而不断发展完善。但这并不意味着语言是由人类发明出来的，语言是自然形成的，而不是被发明的。

信仰也是文化的一部分。信仰是抽象的无实体的，看不见也摸不着。比如说，相信神的存在就是一种信仰。通过他人的语言表达，人们就能在意识层面感受到或是听到神的消息。

在非洲社会，和其他大陆一样，古代人类会对拥有超越人类理解范围的能力和智慧的超自然体产生崇拜，这样的存在被称作神。很多非洲的科学技术都与这种有神信仰有千丝万缕的联系。宗教信仰帮助社会，特别是处在发展初期的社会规范良好的生活方式，也有助于提升宗教领袖的社会地位。由于宗教领袖拥护统治阶级，所以宗教曾被用作社会剥削辩护的工具。在某些社会，社会具体问题曾在很大程度上依靠宗教信仰来提供解决方案。这就是为什么在一些社会信仰中会存在生育之神、雨神、农业之神、太阳神、战争之神等各种各样的神。

对宗教信仰的依赖源于社会科技发展水平的落后。随着社会不断发展，宗教信仰也相应因时而变。一部分人开始宣传和发展宗教机构。尤其是在实行奴隶制和封建制的剥削社会中，人们发展一神论的宗教，并创办宗教机构。信仰宗教也被赋予了新的宗旨，其目的不再是解决具体的社会需求，而是借助造物主的力量为人进入天堂做好准备。天堂的概念与地狱、洗礼和"永恒之火"（moto wa milele）的概念联系在一起。宗教组织也成为剥削阶级和政府组织的一个组成部分。宗教教派的布道者享有尊崇礼遇以及独一无二的社会地位。印度教的布道者就是一个很好的例子。印度教的布道者们被称为婆罗门①，他们的唯一工作就是传播宗教。为了维护婆罗门和其他剥削者的权益，他们把为地主和资本家创造财富的穷人阶层归类为"不可接触的贱民"②。

其他宗教信仰以及各种各样的禁忌，实际上或出自人性的贪婪，或为了道德的规训。例如，当某个社会的信仰不允许女性食用某种食物时，表面上会让人相信这种食物不利于身体健康，而实际上却是出于贪婪和自私。那些妇女和儿童被禁止食用的东西也往往是一些珍馐美味。因此，社会组织中的男性会创建各种教派，从而使种种禁忌更具合理性。

古代社会还存在不允许儿童观看尸体和分娩过程的传统，这体现了古代社会的道德信仰和禁忌。在当时的社会发展阶段，这一传统无可厚非。一方面，这有助于防止淫乱之事的发生，有利于维护社

---

① 印度语词，意为统治阶级的人，特别是宗教统治阶级；他们是地主阶级的捍卫者。

② "不可接触的贱民"是来自劳动阶层的人民。根据印度社会制度，即使此阶层的人拥有财富或接受过良好教育，他们也不被允许成为地主阶层。直到今天，他们仍然属于贫民阶层。

会秩序。另一方面，不让孩子看到尸体，不让他们过早地了解死亡，有助于保护他们的心智。面对新生与死亡，人们会有很多种不同的解读方式。在当时，青少年要达到一定年龄、心智稍加成熟之时才能开始学习和了解这些。在社会发展的早期阶段，信仰和禁忌构成了社会传统的基础。

二、 社会制度

社会制度即社会生活秩序。根据社会科学技术的发展水平，人类社会先后经历了原始社会、奴隶社会、封建社会、资本主义社会和社会主义社会阶段。一些社会经历了上述所有社会发展阶段。也有一些社会跳过了其中几个发展阶段。但重要的是，这些社会制度是人类社会在不同历史时期创造出来的。

(一) 原始社会

受限于落后的技术水平，人类早期社会都采取了群居生活的方式。在原始社会中不存在不平等的阶层，社会制度也不允许人与人或群体与群体之间存在剥削。人人平等，人人相互尊重。首领尊重和关心他所领导的人民，人民也给予首领应有的敬重。

由于这一时期技术落后，各种类型的劳动都依靠人力完成。人们使用木、石、骨制造工具，后期某些社会也开始用铁铸造工具。农业和畜牧业是经济支柱。

原始社会的人民必须共同劳动,获取生活资料时共同享有,以求生存和发展;有些社会群体在首领的监管之下能够合作开展畜牧业。在某些氏族部落,农田由氏族首领监管。原始社会阶段的社会组织规模非常小,很多社会组织就是在一个或几个家庭和氏族的基础上建立起来的。

原始社会阶段持续的时间非常长,社会发展缓慢。例如,在坦桑尼亚,很多族群直到 19、20 世纪仍然处于原始社会阶段。此后,这些社会群体开始受到欧洲殖民主义带来的资本主义社会制度的影响。在原始社会中,人民生活在一种理想的民主制度中。在这种世代相传的原始民主制度下,首领主持管理族群的日常事务,群体成员之间完全平等,任何人都没有特权。

技术和科学的发展带来了政治和经济制度的变革。这些变革改变了原本的社会制度并孕育了新的社会制度。

(二) 奴隶社会

几乎所有的欧洲和亚洲社会都曾经历过奴隶社会阶段。奴隶社会制度作为一种阶层制度彻底改变了社会秩序。在这一社会制度之下,首领成为统治者。有专长的人获得机会脱贫致富,并与统治者合作,共同组建剥削阶级。剥削阶级制定了法律,让一个人或一小群人掌握对其他社会成员的所有权。这些社会成员是他们的奴隶,也是他们物质资料生产的工具。

奴隶主阶级获得奴隶所有的剩余劳动价值。简单来说,就是先前建立的平均分配社会财富的制度已然崩塌。奴隶主掌握了私有财富之后，能够大大巩固奴隶社会的制度。

由于奴隶是属于奴隶主的财产，所以奴隶所付出的劳动并不会换得薪水。社会关系由此发生变化，奴隶和奴隶主的社会等级制度取代了从前人人平等的原始民主制度。奴隶毫无尊严和人权可言，原始社会的民主制度至此已是天方夜谭。奴隶成为一种如同工具般的资产，他们的所有权归他们的奴隶主所有。与此同时，基督教等的宗教教义也为奴隶制的合法性提供辩护。① 这些宗教并不认为奴隶制有何不公之处，反而还推动奴隶制的发展。与原始社会一样，奴隶制度也是科学技术知识贫乏的时代的产物。简化劳动的现代机器尚未被发明之时，就是由奴隶代替机器来产生剩余价值。

奴隶制度由剥削阶级推行，其合法性也由剥削阶级维护。但是，这种阶级制度引发了奴隶和奴隶主之间的敌对冲突。奴隶们争取自由和人权，奴隶主竭尽所能维护原有的剥削制度。尽管如此，奴隶们还是获得了最终的胜利。奴隶制度虽然最终被推翻，但给社会留下了不可磨灭的影响。这种影响同样也出现在脱离殖民统治的独立国家中。发达国家多年来一直统治和掠夺别国的财富，而被掠夺的这些国家由于受到发达国家的压迫，始终处于弱势地位。这些新生的

---

① (a) *The Holy Bible*；Knox Version，School Edition，Burns & Oates，Macmillan & Co. Ltd.，1957，p. 209 - 201. (b) *Biblia*；Union Version，United Bible Societies，1952，p. 7 - 9.

第三世界国家实现自我解放的唯一出路就是发展独立的民族经济。而为了实现这一目标，国家必须要制订合适的教育计划、发展科学技术以及建立一个彻底的反剥削的社会制度。为了动员全体社会成员为民族发展建言献策，这一社会制度必然要是民主性质的。而能满足上述所有要求的制度即是我们下文将要讨论的乌贾马制度。

虽然目前我们掌握的研究资料很少，但非洲大陆也出现过奴隶制社会。埃及曾实行过奴隶制度。18、19 世纪的桑给巴尔地区也曾有奴隶制度出现。

是什么人在桑给巴尔地区建立了奴隶制度？又是哪些人成为了奴隶？众所周知，将奴隶制度引入桑给巴尔地区的是来自亚洲的阿拉伯人。亚洲人是奴隶主，他们从非洲大陆购买得来的非洲人构成了奴隶阶层。

埃及的奴隶来自埃塞俄比亚和苏丹的努比亚社会。亚洲奴隶主曾经奴役他们侵略撒哈拉以北的非洲。早在公元前，亚洲人就已将奴隶制度引入埃及。

19 世纪，一些非洲本土社会开始实行奴隶制度。同一时期，赫赫（Wahehe）、恩戈尼（Wangoni）、查噶（Wachaga）等一些部落族群进入了封建社会阶段。部落首领姆特米和其助手向社会成员征收马西罗（Masiro）实物税①。马西罗是一个查噶语（Kichaga）单词，其含义

① 实物税是"货币税"的对称，指纳税人以实物形式缴纳的税收，是奴隶社会和封建社会占主导地位的税收课征形式。——译者

是人民向酋长上交的税或钱,这笔征税可以用农作物或牲畜支付。

(三) 封建制度

奴隶制度瓦解之后,随之而来的是封建制度。关于封建制度有几个值得注意的问题。首先,封建制度是一种阶级制度,其经济结构是剥削性质的。

其次,在封建制度中,土地是经济基础,为少数地主所有。封建制度早在科技革命之前业已存在。封建地主依靠人力进行物质资料的生产,其中农业种植是主要的劳动形式。

封建地主还使用人力进行金、铜、银等矿产开采。在矿坑从事开采工作的劳工是非技术人员。那些有技术专长的劳工负责锻造和打制等更专业的工作。

例如,在古代中国,皇帝是最大的封建地主。他们雇佣大量能工巧匠为他们建造豪华的陵寝。在中国有十三座著名的帝王陵墓,中国人称其为"帝王死后的宫殿"。①

但是很遗憾,这些精巧的技术和大量的人力没有用得其所。为了保守帝王身后之事和陵寝的秘密,所有参与陵墓建造的能工巧匠和普通工人都被活埋于远离帝陵之处。他们身怀一技之长而招致杀身之祸。虽然在法律上这些工匠是自由的平民,但他们却主宰不了自己的命运,本质上他们与奴隶无异。

---

① 中国人将这些宫殿称为"十三陵"。

除了帝王陵墓,去中国观光的游客一定不会错过的还有长城①和颐和园②。长城的总长度超过 1 500 千米③。它的建造是为了维护帝王的荣光,而不仅仅是出于保卫国家安全的需要。长城的建设过程持续了数年,大量无辜百姓被迫服役,他们徒手将巨石搬运至险峻的山间,很多人因此而丧生。工匠们在长城内外建造了很多有专门用途的防御工事。从构造上看,长城由两侧平行的城墙和中间十米多宽的过道构成,其中过道所用的石材均是经过精雕细刻而成。

颐和园的占地面积超过十万公顷④。工人们在园内建起了一座 300 米的人造假山,山顶还有一处供皇家乘凉的宫室。建假山所用的土石是工人们从旁边挖掘而出,面积超过 20 万公顷的土坑被建为人工湖。湖水深约 15 米,湖心岛和凉亭引人入胜。湖内有多艘游船,每天乘船游览的人次超过 2 000 人,中外游客,络绎不绝。

如前所述,当时的科学技术水平并不先进。所有的工程都需要在严刑厉令之下靠人力完成。在皇帝和封建地主的眼中,不论是坦桑尼亚查姆维诺村(chamwino)⑤的驴子,还是这些工人,他们付出的

---

① 在英文文献中,长城被译为"The Great Wall of China"。

② 在英文中,颐和园被译为"Summer Palace"。

③ 此处数据不确切,为忠于原文没有改译。根据我国文物和测绘部门的全国性长城资源调查结果,长城总长度超过 2.1 万千米。——译者

④ 此处数据不确切,为忠于原文没有改译。根据颐和园官网介绍,其占地面积约 290 公顷。——译者

⑤ 乌贾马运动中尼雷尔(J. K. Nyerere)在多多马区建立的示范村。

血汗就只为换得少数人的享乐和荣耀。在埃塞俄比亚，直到 1974 年独立之前，封建地主还没有停止对平民的剥削和奴役。

英国的多佛尔城堡遗址、威斯敏斯特教堂，以及埃及的金字塔的建造都离不开对平民的残酷剥削。农民必须将他们辛苦耕作的部分收成当作马西罗实物税上交给封建主。平民总是为债务、饥荒和贫困所累，所以他们常常如同奴隶一般为封建地主工作，以工作抵债。这样的做法在实行封建制度的社会中非常普遍。

在很多社会中，封建制与奴隶制并存。在非洲的埃及，直到法鲁克国王时期仍在实行封建制度。

布干达（Buganda）和坦桑尼亚西湖省（Ziwa Magharibi）也存在封建制度，这一制度在当地被称作"尼亚卢班加"（Unyarubanja）。据称，这些地区的封建制度是由 14 至 16 世纪从苏丹南部移民至此的尼罗人①建立的。但是非洲，特别是东非地区的封建制度是在殖民经济的带动之下发展起来的。在殖民主义和帝国主义到来之前，封建制度的发展水平很低。

在殖民时代之前，咖啡等农作物并没有太高的商业价值。封建地主在向平民征收马西罗实物税时，仅要求上交部分粮食作物。后来，咖啡等农作物成为经济作物，一定程度上标志着封建制度的成熟。

---

① 非洲中东部诸民族。住在苏丹南部、乌干达北部和肯尼亚西部。因其居住区多在尼罗河上游及其支流地区，且语言亦有别于同文化、同体格的近邻，故取名尼罗人。——译者

18 至 19 世纪,阿拉伯人将奴隶制度引入桑给巴尔岛部分地区。后来,在英国人为首的欧洲帝国主义者的强制下,阿拉伯人废除了奴隶制,转为推行封建主义制度。岛上的封建制度和资本主义制度一度并行发展,直到 1964 年 1 月 12 日非洲—设拉子党(Chama cha Afro-Shirazi)革命胜利后才被推翻。在坦桑尼亚大陆,1962 年《阿鲁沙宣言》(Azimio la Arusha)确定推行乌贾马社会主义制度之后,殖民主义和资本主义剥削逐步销声匿迹。

(四) 资本主义制度

欧洲的资本主义出现于 17 世纪。英国是第一个进入资本主义社会发展阶段的国家。资本主义制度是一种剥削制度,是社会发展历程中的第四个阶段。很多欧洲社会,包括一些亚洲和非洲社会,在进入资本主义阶段之前,都依次经历了原始社会、奴隶社会和封建社会阶段。

资本主义制度的基础是资本。因此从 15 世纪起,英国各行各业的中产阶级群体开始进行财富的积累。这个群体中有医生、教师、铁匠、瓦匠、织工和商人等。18、19 世纪随着科学技术的快速发展,他们使用前期累积的原始资本开设大型工厂。

早在公元前,英国人就开始使用货币。15 世纪之后,英国在世界范围内经营商贸、开办银行。为满足政府和商人的资金流转需求,1694 年,英格兰银行由私人股东筹措资金 120 万英镑成立。[1] 1946

---

[1]　*Chambers Encyclopedia*,Vol. 2 uk. 96.

年,英格兰银行被收归国有,成为英国中央银行。这些机构是资本主义制度的基础。

在封建制度后期,欧洲社会在科学、技术、理论和哲学领域都取得了长足的进步。自15世纪以来,科学技术和制造能力的发展使一些欧洲国家成为商业帝国。欧洲商人的足迹已经远达非洲和美洲地区。

由于非洲、美洲社会同欧洲社会之间存在的发展差距,欧洲人开始侵略美洲和部分非洲地区。为了进行以贩奴贸易为主的剥削,美洲沦为殖民地,非洲也被帝国主义国家瓜分。奴隶贸易持续了五个世纪,至少一千万非洲人被贩卖至异国他乡。

18、19世纪资本主义发展兴盛后,英国和欧洲其他帝国主义国家很快开始反对奴隶贸易和奴隶制度。英国以法律的形式废止了奴隶贸易和奴隶制度,其他在美洲有殖民地的欧洲国家也紧随其后,与英国保持一致。有一部分奴隶尽管已不知道故乡在何处,但仍选择回到非洲。英国将他们的奴隶安置在塞拉利昂,美国将他们的奴隶安置在利比里亚。在这两个国家,既有非洲的原住民,也有来自欧洲和美洲的商人。在法律上,奴隶们已经获得了自由。但实际上,由于英国等欧洲帝国主义国家直到今天依然在原有殖民地进行着各种形式的剥削,所以恢复自由的奴隶仍然无法完全摆脱曾经的殖民阴霾。

为了进一步进行剥削,欧洲帝国主义国家刻意制造殖民地人民之间的敌对和仇视,将他们分为不同的阶级。有的是文明人,有的就是下等人,或是本地人。所谓本地人,就是本土非洲人,即为资本主义物质资料生产从事劳动的被剥削阶级。

资本主义制度发展至最高阶段,即帝国主义阶段时,其结果就是将整个非洲大陆瓜分为殖民地。推行殖民主义是欧洲资本主义列强对非洲等地进行统治和剥削的一项正式计划。

东非被两个殖民宗主国瓜分。德国占领坦噶尼喀大陆(Tanganyika)、布隆迪和卢旺达后,将三地合并为德属东非殖民地进行统一管理。英国占领了肯尼亚、乌干达和坦桑尼亚的群岛部分,将其作为独立的殖民地分别进行统治。20 世纪 60 年代,英国的这些殖民地有条件地相继实现了独立。

有关殖民者瓜分非洲、统治非洲的讨论一直热度未减。但现在我们可以确信的是,19 世纪的欧洲殖民进程彻底改变了坦桑尼亚乃至整个非洲的面貌。仍处在原始社会阶段的地区,出现了私有制和资本主义制度;西部湖区、桑给巴尔地区等地封建制度进一步得到巩固。不只是在坦桑尼亚,埃塞俄比亚和乌干达的布干达地区的封建制度也得到了进一步的发展和巩固。可以说,在上述所有地区,封建制度都与资本主义制度并存。

为了行文流畅,也为了概念清晰,此处非常有必要对坦桑尼亚和非洲的封建制度及资本主义制度的定义作进一步的厘清。在坦桑尼亚大陆,封建地主阶级包括姆特米、姆特瓦莱和姆瓦南格瓦。这些封建地主掌握着土地的所有权，同时对使用其土地的自由民征收马西罗实物税。在桑给巴尔地区，来自阿拉伯的亚洲人夺走了本地非洲人的土地所有权之后，成为了封建地主阶级。从前的奴隶即本土非洲人在法律上恢复了自由的身份，但是他们与亚洲人之间的土地纠纷却并未得到妥善解决。

欧洲人、亚洲人和部分非洲本地人先后以购买或占领的方式获得土地。这些封建地主在所拥有的土地上雇佣工人进行物质资料的生产。在这一生产过程中，因为运用了资本，封建地主成为了资本家；在种植园里为他们工作的人，因为获得了薪水，也不再是佃农的身份，而要被称为工人。坦桑尼亚的商业贸易由印度人主导。坦桑尼亚内陆和种植园经济则主要由既是封建地主也是资本家的欧洲传教士掌控。从事商贸活动的本土非洲人并不多，大部分本土非洲族群仍生活在半资本主义半原始社会。但是由于长期处于资本主义国家的统治和剥削之下，坦桑尼亚的原始的社会主义思想基础已被瓦解，取而代之的是私有制和资本主义之风。无论在何处，剥削总是由社会中的少数派进行的。而乌贾马社会主义制度的奋斗目标就是消灭剥削和其背后的思想支撑。尼雷尔说过："乌贾马是一种信仰。"此处尼雷尔所指的是社会主义意识形态。同样，资本主义既是意识形态，也是一种信仰。从历史上看，意识形态的产生源于社会制度。但当今，很多国家是先决定采取某种意识形态，例如社会主义，然后再根据社会主义意识形态建设相应的社会制度。

（五）乌贾马社会主义制度

社会主义社会是人类社会发展的第五个阶段。社会主义制度反对奴隶制、封建制和资本主义制度下一切形式的剥削、私有和压迫。

社会主义意识形态为全世界劳动者的权利和平等而斗争，有三个具体的奋斗目标。首先，劳动者平等而有尊严地生活。其次，生产资料公有制，社会成员共同制订和实施经济计划。第三，社会财富归集体所有，按劳分配。参与生产的社会成员根据个人贡献的多少平等地共同分享劳动所得。

社会主义作为一种制度，是解决剥削和压迫的方法。1917年第一次成功的社会主义革命在俄国爆发。革命发生之时，资本主义制度已经成熟，并开始向殖民主义阶段发展。由此可以看出，社会主义意识形态是反对资本主义的。社会主义意识形态的形成要早于俄国十月革命。

资本主义是工业革命的产物，而工业革命则是科学技术水平进步的结果。因为私有制的存在，社会上的一小部分人逐步将所有生产资料占为己有。这些人是资本家和封建地主，由于他们所掌握的科学技术更为先进，他们对被剥削阶级的压迫程度也更加深重。

仅了解俄国十月社会主义革命，以及中国、朝鲜、越南、古巴、坦桑尼亚、赞比亚、苏丹和索马里等第三世界国家的社会主义革命，对于一位革命历史学家而言是远远不够的。还应该对社会主义意识形态的理论渊源，以及各个国家在不同历史时期所进行的斗争有所研究。

　　有一些斗争是本着彻底推翻剥削制度的目标而进行的,例如法国被剥削者在 18 世纪 90 年代和 1840 至 1871 年发起的革命。1871年巴黎公社仅仅维持了几天就被剥削阶级推翻。随后,君主制被推翻,共和政府领导的资本主义制度取而代之。17 世纪 40 到 80 年代的英国资产阶级革命促成了英国的宪政改革。

　　已有文献中还记载了 1791 至 1803 年海地被剥削者发起的斗争行动。那么,世界上其他地区是否还有更多致力于消除阶级冲突的斗争呢?事实上,哪里有阶级对立,哪里就有斗争反抗。我们需要明白,其中大部分的斗争都没有取得胜利果实。虽然与俄国十月革命和第三世界国家革命有共同的目标,都是为了铲除压迫和不公,但是这些革命和起义并没有接受社会主义的理论指导。仍有很多反对阶级不平等的斗争从未进入研究者的视野,历史学家应该担负责任,对这些尚未进入历史书写的斗争作进一步的研究。

　　社会主义思想的溯源问题也值得探讨。前文已经指出,人类的阶级斗争在很长一段时间内都没有受到社会主义思想的指导。没有社会主义思想的指导,这些被剥削者就没有办法意识到压迫与剥削的根源正是现行的社会制度。

　　一些专家学者在看到奴隶制、封建制和资本主义制度下社会成员进行解放斗争的真实情况后,开始将社会主义当作一种哲学思想来阐述。这些哲学家包括欧文、圣西门等,他们也被称为空想社会主义思想家。在他们之后,又涌现出恩格斯和卡尔·马克思等科学社会主义思想家。他们重点分析了人类社会发展的不同阶段,并对阶级斗争的存在进行了阐释。他们预言在阶级斗争中,无产阶级将战胜剥削阶级,取得最终的胜利。胜利果实如果不属于他们这代人,也必将属于他们的子孙后代。这份对于最终胜利的预言触怒了剥削阶级,但也极大地鼓舞了正在进行解放斗争的工人群众。

与原始社会时期不同,社会主义革命爆发之时,科学技术和社会生产力水平已经相当先进。生产技术水平的提高促进了工业的发展,加重了资本主义制度对无产阶级的压迫和剥削。虽然在原始社会制度中社会关系平等,但它终究是落后的科学技术和生产力水平的产物。简而言之,作为一种社会制度,原始社会制度能够维持社会的和平稳定,保证社会成员在经济、文化、政治等方面的平等互利,但它却无利于推动社会的快速发展。人类社会只有在国际资本主义的影响之下,才能摆脱原始社会,进入社会主义发展阶段。社会中的矛盾,以及社会本身的缺陷,一同加速了生产力水平的发展。资本主义和社会主义意识形态之间存在着明显的差异。在社会主义社会中,人类的一切进步都是为了全体社会成员的福祉。而在资本主义制度下,社会发展成果由一小部分人独享,行为由利益驱动,人权为私心所践踏。

为了提高人民的生活水平,所有正在迈向社会主义阶段的国家都必须将发展科学技术、提高生产力水平作为国家规划的重中之重。落后是剥削和压迫之源,而社会主义制度就是彻底摆脱落后的关键。

我们需要谨记,对于弱小的落后者而言,进入社会主义阶段是我们的奋斗目标。现有的社会主义国家认为社会主义阶段是实现人民自我解放的一个阶段。生产力水平高度发达、能够完全实现自给自足的共产主义阶段才是最终胜利。除了目标不同之外,坦桑尼亚的乌贾马社会主义与共产主义之间还存在其他根本性的差异。二者的共同目标都是建设一个健康、幸福、平等、互敬的社会。然而对于共产主义者来说,共产主义不是一种制度,而是社会主义制度的最完备阶段。

想要建成共产主义社会的国家中的社会主义制度和坦桑尼亚的社会主义制度有诸多不同之处。坦桑尼亚的党章和宪法中均没有提及共产主义。共产主义者否认神的存在,对神的信仰和崇拜影响科学技术的进步,进而影响人类社会的发展。因此,一个人若想加入共产党,首先就要成为无神论者。

坦桑尼亚注重对人民进行动员和劝说。根据尼雷尔 1973 年的指示,为了加快经济发展和社会服务,1974 至 1977 年,坦盟党和坦桑尼亚政府强制将大批群众迁至农村地区。1962 年尼雷尔曾指出与农村人民共同生活的重要性,此举也践行了尼雷尔的思想理论。因此,尼雷尔的思想和坦盟的政党政治密不可分。不过,虽然强制搬迁是为了加快落实乌贾马社会主义政策,但武力并不是主要手段。关于迁至农村,人民内部进行了商讨,除却在一些政府动员不能奏效的地区,人民群众都以少数服从多数的民主方式做出了决定。劝说和引导的确是革命党的主要政策,但并不意味着不能使用其他方法。

第三章

前殖民时期的坦桑尼亚社会

本章将介绍殖民时代之前坦桑尼亚各个本地社会的发展，展示坦桑尼亚人的生活方式，分析经济政治结构，关注各种社会组织形式，同时也将讲解各种科学技术的发展情况。

一、 社会规模的扩大

认真阅读的读者或许会认为本节的标题带有一定的误导性，隐含着殖民主义思想的影响。作者本人也有所察觉。但是读过下文的论述和讲解之后，读者的这份担忧便尽可消散了。

一看到"社会规模的扩大"这个标题，读者便会联想到，在某个时期之前，坦桑尼亚还没有人类居住。但标题的本意并非如此。根据我们对人类发展史的已有研究，尤其是从坦桑尼亚的奥杜瓦伊峡谷以及非洲其他地区的人类发展历程来看，坦桑尼亚的人类定居历史非常悠久。[1]

我们在第一章中将这些来自非洲的人称为"本土非洲人"

---

[1]　Dk. J. E. G. Sutton katika, *Zamani*, B. A. Ogot (mhariri), EAPH 1969, uk. 76.

（Waafronodi）。研究前殖民时期非洲历史的"专家们"对非洲人的历史持有不同的立场，他们将非洲人看作没有进化完全的、有缺陷的人。这些"专家们"让我们相信，非洲的历史是亚洲和欧洲外来影响作用下的结果。

长期以来，非洲人一直被用班图人、含米特人、闪米特人、半含米特人、半闪米特人等名字划分为三六九等。含米特和闪米特的词源来自一个阿拉伯人和犹太人的传说（醉酒的诺亚赤身裸体，刚好被他的三个儿子，含、闪和雅弗看见）。为了制造非洲人内部的分裂和互斥，也为了建立起非洲人对白人的全方位的依赖，殖民主义历史学家后来曲解了这些传说故事。

为纠正殖民主义历史学家的理论，另有历史学家曾尝试使用一套全新的称谓系统。例如史学家萨顿博士（Dk. Satoni）就曾在有关非洲社会起源的问题上提出过一些革命性的想法。然而，他的理论也没有跳出种族问题的范畴。他将非洲人划分为高加索人、尼格罗人和布须曼人三类，又将卡拉哈里盆地（Kalahari）的居民称为卡拉哈里布须曼人。①

按照他的说法，高加索人与亚洲人和欧洲人的肤色一致，所以他们同宗同源。尼格罗人很明显是指黑肤色的人。但是他没有对居住在赤道以南的布须曼人给出特殊的定义，而是直接借用了英语里"野

---

① Kama hapo juu, uk. 77.

外"一词"bush"。所以布须曼人和卡拉哈里沙漠地区的卡拉哈里布须曼人都指的是"生活在野外的人"。

根据上文的分析,萨顿博士的这种三分法依旧没能有效地纠正殖民主义历史学家的错误。首先,虽然他事先强调过命名与肤色和人种无关,但是他所使用的两个称谓,从字面意思上尼格罗人是黑皮肤的人,高加索人是白皮肤的人,如此的术语就说明他仍在用肤色标准对非洲人进行划分。其次,尽管布须曼人这个概念从字面上来说与肤色毫无关联,但也完全无法体现出他对于殖民史学人种划分方法的反对立场。

如何给非洲人分类这一问题一直备受关注。殖民者对这个问题的关注是有所图谋,我们暂且不谈。但是对于非洲人来说,情况截然不同。萨顿博士根据19世纪以前的科技水平发展程度,将非洲人划分为居住在赤道以北和居住在赤道以南的两个群体。笔者同意萨顿博士的这一划分方法,原因有三。

第一,目前尚未有研究可以证实赤道南北两边的社会群体之间在过去是否存在发展水平上的差异。第二,纵观非洲社会的现状,这种南北发展差异确实存在。第三,笔者赞同赤道以北的非洲人曾入侵赤道以南地区的猜想,这一观点将在下文进行详细论述。

为了避免有种族歧视的嫌疑,应该依照地理特点为世界不同大陆的人民命名。群体的名字就取自大陆的名字。例如,因为非洲是Afrika,那么非洲的本地人就叫作Waafronodi。末尾的音节di是学界在为人类群体命名时的普遍做法,中间的音节 no 则是本书的作者为了便于发音而添加的。

为了体现科技发展水平上的差距,我们有必要根据地理特点将非洲人细分为两个分支。第一个分支称为堪萨人,主要在赤道以北生活。第二个分支称为卡普林人,生活在赤道以南。堪萨和卡普林这两个词的词源来自地理上的北回归线(Kansa)和南回归线(Kaprikoni)。

为了弱化对人口起源的过于重视,笔者支持萨顿博士的观点,根据所使用的语言对坦桑尼亚和非洲的族群进行划分,也就是以语族划分社会。因此,非洲人由四个语族的人构成,即班图人(Wabantu)、尼罗人(Wanilo)、库希特人(Wakushito)和科伊桑人(Wakichembe)。这四个群体所对应的英语称谓分别是 Bantu,Nilotes,Kushites 和 Khoisan。[1]

班图人、尼罗人和库希特人的祖先是来自赤道以北的堪萨人。因为在堪萨人南迁之前赤道以南居住的都是卡普林人,所以科伊桑人显然是卡普林人的后代。

(一) 班图人

超过 75% 的坦桑尼亚人都是班图人。目前,坦桑尼亚境内所有发展农业的地区都有班图人居住。非班图人族群是少数,他们通常散居于全国各地。居住在坦桑尼亚的班图人包括以下民族,具体分

---

[1] *Zamani*, uk. 77 – 81.

类如下表所示。①

1	贝纳人（Wabena）	2	奔德人（Wabende）
3	伯恩德伊人（Wabondei）	4	布恩古人（Wabungu）
5	查噶人（Wachaga）	6	多埃人（Wadoe）
7	迪戈人（Wadigo）	8	菲帕人（Wafipa）
9	戈戈人（Wagogo）	10	格温诺人（Wagweno）
11	哈人（Waha）	12	罕加扎人（Wahangaza）
13	哈亚人（Wahaya）	14	赫赫人（Wahehe）
15	赫罗赫罗人（Waholoholo）	16	伊安比人（Waiambi）
17	伊科玛人（Waikoma）	18	伊兰巴人（Wairamba）
19	伊桑祖人（Waisanzu）	20	基齐人（Wajiji）
21	吉塔人（Wajita）	22	卡古鲁人（Wakaguru）
23	卡米人（Wakami）	24	卡拉人（Wakara）
25	克尼人（Wakenyi）	26	克勒韦人（Wakerewe）
27	基姆布人（Wakimbu）	28	基恩加人（Wakinga）
29	基西人（Wakisi）	30	克诺恩戈人（Wakonongo）
31	库里亚人（Wakuria）	32	库图人（Wakutu）
33	克韦勒人（Wakwere）	34	拉姆比亚人（Walambya）
35	卢古鲁人（Waluguru）	36	卢恩古人（Walungu）

---

① *Zamani*，uk. 80‐81.

（续表）

37	玛奇恩加人（Wamachinga）	38	马孔德人（Wamakonde）
39	马库阿人（Wamakua）	40	马里拉人（Wamalila）
41	玛姆布韦人（Wamambwe）	42	曼达人（Wamanda）
43	玛腾戈人（Wamatengo）	44	马通比人（Wamatumbi）
45	姆布戈韦人（Wambugwe）	46	姆布恩加人（Wambunga）
47	梅鲁人（Wameru）	48	姆维拉人（Wamwera）
49	恩达利人（Wandali）	50	恩达姆巴人（Wandamba）
51	恩登德乌里人（Wandendeuli）	52	恩登戈勒克人（Wandengereko）
53	恩多德人（Wandonde）	54	恩吉多人（Wangido）
55	恩戈尼人（Wangoni）	56	恩古鲁人（Wangulu）
57	恩古鲁维米人（Wangurwimi）	58	尼亚库萨人（Wanyakyusa）
59	尼亚姆韦齐人（Wanyamwezi）	60	尼安博人（Wanyambo）
61	尼亚姆万加人（Wanyamwanga）	62	尼安加人（Wanyanja）
63	尼亚图鲁人（Wanyaturu）	64	尼哈人（Wanyiha）
65	尼卡人（Wanyika）	66	潘戈瓦人（Wapangwa）
67	帕雷人（Wapare）	68	皮姆布韦人（Wapimbwe）
69	坡戈罗人（Wapogoro）	70	兰吉人（Warangi）
71	鲁菲济人（Warufiji）	72	萨加拉人（Wasagara）
73	萨夫瓦人（Wasafwa）	74	桑古人（Wasangu）
75	赛格居人（Wasegeju）	76	赛赛人（Wasese）
77	桑巴人（Wasambaa）	78	夏西人（Washashi）

（续表）

79	索恩加人（Wasonjo）	80	苏比人（Wasubi）
81	苏库马人（Wasukuma）	82	苏姆布瓦人（Wasumbwa）
83	通格韦人（Watongwe）	84	维恩杜恩达人（Wavindunda）
85	维恩扎人（Wavinza）	86	万吉人（Wawanji）
87	尧人（Wayao）	88	扎纳基人（Wazanaki）
89	扎拉莫人（Wazaramo）	90	奇古阿人（Wazigua）
91	兹恩扎人（Wazinza）		

不同的文献资料对"班图"一词的含义有各种各样不同的解释。有人认为班图人是亚洲人和非洲人的混血后代，这一说法引起了当代历史学家的激烈争论。

我们很难从某个群体的肤色和生理特征就判断出他们的祖先来自何处。例如，班图人和其他非洲人在肤色和生理特征上就没有差异。那么，班图人究竟是指什么人呢？一般来说，现代历史学家认为班图人是使用班图语系诸语言的各族人民。班图语据说起源于古代上卡坦加地区（Katanga ya kaskazini）。这种语言当时并不叫作"班图语"，后来根据语言学家的提议，我们才将所有使用源于这一地区的语言的人合称为班图人。

据说，在公元前6世纪左右，一群来自喀麦隆等西非地区的人乘坐独木舟，从大西洋海岸沿着刚果河一路航行到达了上卡坦加地区，并在那里安家。这批移民包括农民、牧民和铁匠。他们发现卡坦加地区的自然环境与他们的故乡十分相似,而且赤铜和铁矿资源非常丰富,是一个适合定居的区域。于是,农牧民开始在此地发展农业,种植高粱和小米,开展畜牧业。铁匠也能挖掘并收集到一些铁矿石,但是受限于冶炼水平,他们还无法从铁矿石中提炼出生铁。所以通常情况下,他们只能收集铁灰和铁砂再用于冶炼。

在班图人到来之前,科伊桑人分布在南部非洲广阔的土地上。科伊桑语族的人在说话时舌头频繁扣动,发出搭嘴音。科伊桑人生活在野外,居无定所,四处迁移。他们使用石制工具,依靠狩猎野生动物和采集野果、植物根茎为生,对农耕、畜牧、冶铁的技巧和定居的概念一无所知。直到19世纪,一部分科伊桑人仍没有改变这种生活方式。

得益于双方在经济发展和技术水平方面的悬殊,南迁的班图人占领了科伊桑人的地盘。石制武器已然过时,铁制武器更为精良。因此,很多科伊桑人在与班图人的战斗中丧生,或被驱赶到班图农民不愿开垦耕种的干旱地区。由于食物充足,班图人的数量得到迅速增长,班图人人口加快流动,他们逐渐占领了科伊桑人的居住地,并在那里定居。

班图人的祖先也是班图人吗?答案是否定的。根据我们上文中对班图语的解释来看,喀麦隆地区最早的居民并不说所谓的班图语。目前我们认为,班图语起源于卡坦加地区,随后不断发展,得到了更广泛的使用。它融合了卡坦加和喀麦隆两地的语言。所以,最早的班图人也是喀麦隆和卡坦加居民的后代。喀麦隆本地的语言与班图语完全不同,语言学家们也为这些语言进行了另外的命名。

随后,一些班图人从卡坦加继续向东西两个方向迁移,最后定居在大西洋和印度洋沿岸地区。班图人的这次迁移从公元前几个世纪一直持续到19世纪。许多历史学家认为,班图人迁移的原因是农业发展、粮食增产带来的人口增长。随着人口数量的不断增加,地狭人稠,土地资源愈发紧缺,所以一部分人必须为了寻找新的土地而继续迁移。但同样显而易见的是,改造和适应自然环境的能力不足也是导致班图人迁移的另一个原因。然而,人口的迁移并非一蹴而就的行动,而是一个持续时间很长的过程。每当土地出现问题,或是社会出现冲突,人们就要搬离旧居,再寻新址,如此循环往复。

东非地区炎热而多雨,香蕉树的长势极好。所以在班图人大迁徙的第三阶段,他们选择向坦桑尼亚和东非高原迁移。这也就是为什么如今坦桑尼亚的查噶(Uchagani)、帕雷(Upare)、乌桑巴拉(Usambara)、布科巴(Bukoba)、图库尤(Tukuyu)等地的居民大量种植香蕉树,并把香蕉作为他们的主食。在乌干达的布干达地区,香蕉树的种植也十分广泛。①

班图人大迁移的第四阶段一直持续到乌贾马运动时期。这一阶段,除了南非的恩戈尼人(Kingoni)在19世纪进行了远途跋涉,其他

---

① *Zamani*,uk. 70 - 76.

班图人不再进行远距离的迁移。恩戈尼人于 1940 年左右抵达坦桑尼亚。彼时,坦桑尼亚以及非洲内陆仍有许多地区是尚未开发的荒野。但是,随着各个社会人口的不断增长,坦桑尼亚人也需要开辟新的定居点。坦桑尼亚内陆有些地区极度干旱,有些地区地形崎岖,恶劣的自然条件并不适宜人类居住。但是,干旱问题在未来可能由不断进步的科学技术而得到解决。

(二) 科伊桑人

科伊桑人是说科伊桑语的非洲人,很多学者认为他们起源于坦桑尼亚。如今,在坦桑尼亚境内的科伊桑人数量很少。据说,他们在坦桑尼亚定居的历史比其他语族的人更为悠久。班图人在离开上卡坦加地区继续迁移的路上就曾遇到科伊桑人。早在亚洲和欧洲帝国主义者到来之前,科伊桑人①的居住地就已被班图人入侵。

由于科伊桑人在经济、文化,尤其是科技方面都不太发达,所以他们无力与班图移民竞争。据说,大部分科伊桑人被班图人杀害,其他人被迫迁往南方。也有观点认为,或许很多科伊桑人与班图人通婚之后,被班图人同化。今天,大部分科伊桑人居住在卡拉哈里沙漠地区。目前坦桑尼亚境内仅存的科伊桑民族是桑达韦人(Wasandawi)和埃亚西湖畔(Ziwa Eyasi)的哈扎人(Wahadizapi),或称廷迪嘎人

---

① 科伊桑人的斯瓦希里语称谓由谢赫·穆罕默德·阿里(Shehe Mohamed Ali)提出,由本书作者首次在学术发表中使用。科伊桑人在说话时常发出搭舌音,听起来如同弹舌一般。

（Watindiga）。霍屯督人（Wahutentoti）和卡拉哈里人（Wakalahari）①
是生活在南非的两支科伊桑人。

科伊桑人的岩壁画和洞穴画举世闻名。科伊桑人的生活习惯与
班图人不同，他们不住在茅屋中，而是居住在低矮的洞穴或岩洞里。

在班图人到来之前，坦桑尼亚的科伊桑人并不从事农业活动。
他们依靠狩猎动物和采集野果、野生植物根茎为生。当然，随着科学
研究的不断深入，也有可能有新的关于科伊桑人的研究成果出现。
他们所使用的石制工具体现了较为落后的生产力水平，这也决定了
他们无法在某处定居，必须为了狩猎和采集蜂蜜不断四处迁移。但
是同为科伊桑人，南非的霍屯督人在班图人和欧洲人到来之前，就已
经开始畜养牛羊。

（三）尼罗人：1300 至 1500 年

尼罗人是说尼罗语的人。他们的祖先来自苏丹南部，目前大多
数尼罗人生活在乌干达和肯尼亚。坦桑尼亚境内的尼罗人分为三
支：一支生活在大湖地区，例如卢奥人（Wajaluo）等；一支生活在高原
地区，例如孔多阿（Kondoa）和多多马地区（Dodoma）的塔托噶人
（Watatoga）；还有一支生活在草原地区，例如马赛人（Wamasai）。尼
罗人曾在乌干达和肯尼亚的卢西亚地区（Uluyia）进行过王权统治。

---

① 这一称谓由本书作者首创。卡拉哈里人名的词源来自他们所居住的卡拉哈里沙漠。在
博茨瓦纳，他们也被称为巴卡拉哈里人。这两个词的含义相同。

但这并不意味着政权由他们建立。班图人建立了这些政权，尼罗人对其进行了发展与巩固。由于现在的尼罗人也习惯于讲班图语，所以我们很难在班图人社会中识别出尼罗人群体。

直到前几个世纪，尼罗人仍居无定所。他们以牧业而非农业为生，主要以奶与肉为食。

近朱者赤，长期与班图人为邻，尼罗人也渐渐意识到了农耕的重要性。现在一部分尼罗人已经建造了住房，过起了定居生活。例如，卢奥人和阿鲁沙人就居住在农村地区，从事农业和畜牧业生产。

尼罗人的祖先来自赤道以北的非洲地区，属于堪萨人。尽管尼罗人不是农耕民族，但他们在族群治理方面建树颇丰。除此之外，尼罗人还掌握了冶铁技术，能够制作铁器工具。在战争中，他们能够战胜同样掌握冶铁技术的班图人。

（四）库希特人

坦桑尼亚和非洲其他地区的库希特人问题是历史学研究的难题。殖民时期的历史学家们坚持认为库希特人的祖先不在非洲大陆，而是来自地中海地区、亚洲和欧洲。

库希特人主要分为两个分支，一支起源于赤道以北的非洲堪萨人，另一支起源于亚洲。这两支库希特人之间的差异非常小，难以辨别。

埃塞俄比亚的库希特人，或许还包括索马里的库希特人，有可能属于亚洲一支，因为他们所使用的语言与阿拉伯半岛的亚洲语言十分相似。根据亚洲人扩张的历史来看，埃及人、摩洛哥人、突尼斯人、利比亚人都是亚洲支的库希特人的后代。

坦桑尼亚和东非地区的库希特人人数不多，他们的聚居区周围都是班图人社区。在某些地区，库希特人在与班图人通婚之后逐渐被同化，并有消亡的趋势。

坦桑尼亚境内的库希特人包括布鲁吉人（Waburungi）、格罗瓦人（Wagorowa）、姆布古人（Wambugu）和伊拉库人（Wairaki），他们居住在阿鲁沙一带。有一种说法称这些库希特人曾与亚洲支的库希特人在坦桑尼亚边境地区共同生活。但是由于两方技术水平差距大，坦桑尼亚和东非的这一支库希特人极有可能是被亚洲的库希特人从北部地区赶走的。

坦桑尼亚库希特人的主食是奶类和肉类。他们不像班图人一样务农，从某种程度上来说，他们的生活方式与尼罗人非常相似，都有迁徙游牧的习惯。他们的迁居生活是为了寻找优良牧场，所以仅在特定的区域进行季节性的迁居。与所有的牧民一样，库希特人喜欢降雨量适中的平原地带。但是班图人却相反，为了务农，他们更喜欢土壤肥沃、雨水丰沛的山林地区。

本章主要介绍了人口的扩散过程，也讲解了依据语言学标准对坦桑尼亚的非洲人进行分类的方法。这既是为了展示在坦桑尼亚人的斗争过程中语言究竟扮演了什么样的角色、是促进还是阻碍了坦桑尼亚的解放运动，也是为了对社会主义在坦桑尼亚是否具有可行性，以及坦桑尼亚国内社会分裂问题为何并不严重等问题做出解答。

二、　坦桑尼亚的社会制度

　　欧洲和亚洲的一些国家都曾依次经历原始社会、奴隶社会、封建社会和资本主义社会这四种社会制度。但是正如我们下文将要讨论的那样，有些社会主义社会的发展轨迹并不完全相同。

　　在坦桑尼亚的大多数地区，直到 19 世纪仍处于原始社会阶段。在原始社会制度之下，社会成员集体劳动，共同进行物质资料生产，共同维护社会稳定和安全。原始社会的生产资料为集体所共有，由首领或酋长进行监督管理。

　　坦桑尼亚的经济主要依靠土地和牛羊，很多班图人民族都在发展农牧混合经济。氏族首领有责任确保每个成员都分得足够的农牧业用地。

　　在农业活动中，社会成员在耕种、除草和收获之时都相互帮助。得到帮助的社会成员要拿出提前准备好的酒和托格瓦（togwa）①与大家分享。这种获取其他社会成员帮助的集体劳动形式在贝纳语中叫作姆高维（mgowi）。② 如果没有酒水饮料，社会成员还可以准备餐食，杀牛宰羊，待集体劳动结束之后享用或分发。对于那些无力准备

①　用糖和高粱加水制成的饮料。——译者
②　这是一个贝纳语（Kibena）和潘戈瓦语（Kipangwa）词，意为社会成员为招待帮助他干活的其他社会成员而准备的饮料或食物。

美酒美食的贫穷的氏族成员,集体也会无偿地施以援手。如果我们浅表地理解姆高维集体劳动制,它似乎就是一个为其他社会成员的劳动付费的工作形式。但事实并非如此,分享美酒和美食仅仅是对参与劳动者的一种答谢方式。对于那些声誉不佳的社会成员,即使他们准备好了一切,社会其他成员也不会去帮助。相反,那些无力准备姆高维的人却依旧可以获得集体的帮助。

除了在农业上互助,社会成员还合作发展畜牧业。他们将牛羊集中圈养到一处。牛和羊在社会中的地位非常重要。在婚嫁时,牛羊是男方给女方的聘礼。在社会中,饲养牛还是一种身份地位的象征。除非自然死亡,否则牛不会被当作食物而宰杀。时至今日,仍有很多坦桑尼亚民族还保留着这一习俗。社会成员还合作建造房屋,他们一起割草苫房顶,共同和泥抹墙面。对于处于弱势的妇女群体,例如刚刚分娩过的妇女,以及家中横遭不幸的女性,社会集体在她们能够自给自足之前都会给予特殊照顾。

尽管原始社会制度中社会成员在进行物质资料生产时相互帮助,但每个人也有私人财产。例如,虽然收割农作物时是依靠集体劳动,但农田中的收成均属于个人私有。如果某个社会成员的农田不幸遭遇天灾,集体将履行帮扶责任,为他提供食物。这种互助帮扶的形式能有效避免一些社会成员因穷苦而沦为奴隶。但是,对于懒惰的人,集体并不会为他提供任何帮助。

当男青年到了娶亲的年纪,整个氏族都会集体为他准备牛和羊,当作他给女方的聘礼。

尼罗人和库希特人的社会也曾经历过原始社会制度。牛和其他牲畜是尼罗人和库希特人唯一的经济支柱,也是主要的食物来源,因此非常受重视。尼罗人用不伤害动物生命的方法取奶、取血,并以此为生。

坦桑尼亚的很多社会都掌握了冶铁铸铁技术,他们能制造出各式各样的劳动工具,例如用于耕地的锄头,用于伐木的斧头,用于锄草、清理低矮灌木的砍刀等。他们常常遭到野兽的侵袭,也不时被某些已进入封建社会发展阶段的社会群体侵扰,所以,他们也会制造用于抵御野兽和外敌进犯的箭、矛、枪支等武器。马及马及起义时,起义军就曾使用过这些武器。

坦桑尼亚本土的轻工业和手工制造业也有一定的发展,例如制盐、木工、渔业、编织、制陶以及使用毛皮或树皮制衣。本地社会制作各色颜料的技术也已相当成熟。罐子、篮子和布料都可用这些颜料上色装饰。

坦桑尼亚人使用草木(如木薯根茎)与碱混合的方法制盐,盐的用法用量根据蔬菜和调味品的种类而进行调整。

生活在湖海河流沿岸的居民掌握捻绳织网的技术。他们开办小型的织网作坊,根据鱼的大小调整网眼大小。除了编织渔网,他们还会制造一些小捕鱼篓和捕鱼阵。

制陶和冶铁技术与化学知识水平的进步分不开。制陶和冶铁的过程都需要精确掌握配比。只有按照一定比例将某种特定类型的土和各种不同的盐混合，才能配出制作陶锅所需的陶土。冶铁也是如此，不同的铁所使用的原料配比也不相同。

社会群体中的专业知识或技能往往仅在特定家族中世代传承，秘不外传。医学知识常与巫术信仰密切相关。人们相信优秀的巫医有诊断疾病、预测未来等能力。有些巫医擅长预测未来，有些巫医则精于医治诊断。但是传统的巫医也有缺陷。首先，有限的医学知识和检测手段影响他们对病症做出的判断。其次，药物的剂量和治疗的手段没有专门的计量标准。所以，巫医有可能会给病人开一些并不对症的药，或者给出了并不合适的剂量，从而加重病人的病情。

传统巫医将医学知识与精神信仰联系到一起，他们自称能通晓鬼怪和祖先神灵的心意，他们所做的一切均受到神灵鬼怪的指示。这样的联结提升了巫医的社会地位，也使得人民对巫医强大而独特的能力深信不疑。人们普遍相信，巫医的生命，特别是擅长使用巫术的巫医的生命，不会像普通人一样有终结的那一天。

人们认为，巫医可以改变人们的生理状态，也能够改变人们的命运。一些巫医宣称自己有超于常人的能力。

很多社会都有这样一种信仰，他们相信孩子夭折和病弱者死后会转世为蛇、鳄鱼、狮子、驴或是鬣狗等动物，以新的方式继续活下去。转世的动物会为巫医们服务，有时作为巫医的运输工具，有时替巫医们伤害他人。一些姆特米酋长和首领也被认为掌握了巫术通灵之法。

当有人去世时，氏族或部落中必须有人为此承担责任，并受到指责。人们不认为因病死亡是正常的事情。如果是遭遇意外而亡，人们会将此理解为巫术在作祟。某些非洲社会还有一种说法，认为人肉美味且珍贵，所以为了吃人肉，人有可能被巫灵杀死。而且，人的头颅据说也可以被巫师用作他们的权力宝座。如今，很多同胞热衷于到巫医处寻求"马到成功"的灵药。犯罪分子也认为经过了巫医的施法，就算是罪证属实，他们也能免于法庭的审判。

在很多原始社会群体中，巫医和巫师能够将人变成傀儡"姆通加"（mitunga）。"姆通加"是指在常人眼中已经死亡并被安葬的人，这些人的心智和眼睛已经被巫术控制。因此被埋葬于地下的并不是人们以为的逝者，而是其他的替代品。巫师通常会将这些被变成姆通加的人留在家中，将他们作为自己的奴隶。由于奴役姆通加的全过程都是秘密进行的，所以公众看不到这些姆通加，也不知道等他们老去、没有劳动价值的时候将会何去何从。姆万扎马古地区的杰夫塔·保罗（Jefta Paulo）曾有过 18 个月的姆通加经历。被解救出来以后，她向公众讲述了她的经历。根据她的讲述，姆通加日常负责耕地和放牧，实际上，这些人就是巫师们的秘密奴隶。

1974 年，民兵们在一位女医生的家中发现了赛丝丽雅（Sesilia）和路德维奇（Rudoviki）兄妹俩。在我们的社会中，医生们通常也从事巫师的工作。按照这一惯例，这位医生很明显也是一名巫师。

赛丝丽雅的父母大概是在 1945 至 1950 年期间搬至姆万扎省 (Mwanza)盖塔县(Geita)的尼安库姆布街道(Nyankumbu)定居。盖塔的居民来自不同地区,其中维多利亚湖①的移民占多数。他们一家定居下来之后不久,赛丝丽雅就开始发烧。经过女巫医几天的医治后,她便去世了。一周之后,哥哥路德维奇也因发烧离开了人世。

但在被民兵发现之时,赛丝丽雅已是一名 22 岁的女孩,他的哥哥至少也有 24 岁。他们身高低于正常水平。或许因为长期没有洗澡,他们的身体上满是鱼鳞一般的污垢。白天他们通常都在工作。他们在普通人面前表现得十分恐惧。他们手脚指甲都很长,头发长而且散乱卷曲。

当年葬礼结束以后,痛失子女的夫妇俩搬到了西湖省比哈拉姆洛县(Biharamulo)的卢苏比(Rusubi)。夫妇俩不相信他们的孩子是正常死亡,但并没有将孩子的去世与巫医联系到一起。作为父母,他们从来没有怀疑过自己的孩子是被施了巫术,变成了姆通加。但事实就是如此。

在盖塔和马古地区发生的姆通加事件让我们意识到有必要对巫术开展更深入的研究。多年以来,巫术一直都被认为是建立在无知和愚昧之上的信仰。这样的说法并非全无道理,因为巫术活动的确在推行原始社会制度的地区更为普遍。如今,坦桑尼亚正面临着城

---

① 斯瓦希里语为尼安扎湖。——译者

乡社会经济转型的挑战,而巫术是一个很大的发展障碍。村民因为巫术问题彼此不睦,被赶出村庄。政府机关的工作人员也受到波及,有的甚至丢掉了工作。民间对巫术的讨论热度不减,但始终没有得出令人信服的结果。与其继续将巫术视为信仰或是愚昧的迷信,我们不如换个思路想问题,从更科学的角度去看待巫术,用科学的方法去研究巫术,求诸于科学或许将能为公民、政党和政府提供更准确和更满意的答案。

在《非洲人斗争史》一书中,我曾提出过与本书完全相反的观点。因为当下巫术问题已经成为社会发展的一大阻碍,使我们的社会原地踏步甚至倒退。为了摆脱这种影响,我们不能有意忽视它的存在,而必须对此进行研究。巫术信仰在我们的社会中过于盛行。在这样的社会大环境下,不论是否受过教育,不论是否相信巫术,不论是农民、工人还是领导人,大家都会感到担忧和恐惧,甚至偷偷地去咨询巫医。[1]

各个氏族和部落所发展的行业领域不同,所生产的物质资料也不尽相同。他们根据本地的环境,因地制宜地发展工业。有的地区自然资源丰富,鱼类、兽皮、犀牛角和象牙都是社会财富的一部分。不同地区的饮食也不相同。因为地区间存在差异,各个社会相互依赖、相互帮助的重要性就得以体现。

---

[1] 尼雷尔曾多次谈及巫术信仰的问题,他提到某些领导人相信巫术,甚至还会专程前往姆林戈蒂尼和巴加莫约寻求"增加魅力"和"政途升迁"的巫药。

在坦桑尼亚南部，尧族人在莫桑比克的索法拉进行黄金贸易；在坦桑尼亚南部、马拉维和津巴布韦进行象牙贸易，后来也曾开展奴隶贸易活动。在坦桑尼亚北部，主要的商路都始于巴加莫约（Bagamoyo）和潘加尼（Pangani）地区。最初，内陆和沿海之间的贸易由尼亚姆维齐人开展。他们的商队也前往扎伊尔和赞比亚。19世纪时，尼亚姆维齐人的商队抵达沿海地区，他们带来了犀牛角、铜、兽皮以及后来的奴隶。1850年以后，来自沿海地区的班图人和亚洲人开始经营商队，他们所走的商路与内陆地区的班图人经商途经的路线相同。

班图人和亚洲人早在19世纪以前就开始在东非沿海地区相互进行贸易活动。最初有印度人、阿拉伯人、中国人，后来以葡萄牙人为代表的欧洲商人也参与了东非地区的贸易。

沿海地区的班图人、亚洲人和欧洲人之间的贸易促进了沿海商业城镇的兴起，也推动了斯瓦希里语的传播。但需要注意的是，斯瓦希里语起源于班图语。由于长期与外国语言接触，斯瓦希里语中不可避免地出现了一些来自亚洲语言和欧洲语言的外来词汇。

很多历史学家的说法都站不住脚。他们认为斯瓦希里语是一种由班图语和亚洲语言，尤其是阿拉伯语混合而成的语言。首先，世界上的所有语言都会从其他语言中借用词汇。但这部分借词不是这门语言的主要部分。其次，关于亚洲人和班图人通婚的说法并不属实。尽管部分亚洲男性会和班图女性结婚，但男女间的通婚限制始终没有被打破。这样少量的通婚无法产生一个新的社会群体，即斯瓦希里人。如今，在沿海和群岛地区有一些零星的群体，他们说斯瓦希里语。但他们的存在并不能证明上述说法的合理性，因为他们仍然保留着他们原居社会的姓氏称谓。其中很多人当初是以奴隶的身份从内陆的班图部族被带到沿海地区的。

亚洲人对沿海和群岛地区的本地人产生了巨大的影响。沿海地区的班图人深受亚洲文化，特别是阿拉伯文化的影响。首先，班图人接受了阿拉伯人带来的伊斯兰教。其次，沿海班图人在皈依伊斯兰教的同时，也接受了阿拉伯人的着装风格。

一般来说，亚洲人在女性问题上并不开明。为了避免奴隶冒犯他们的妻女，他们甚至阉割奴隶。亚洲男性对女性充满着不信任感，他们剥夺了妇女们白天外出的自由，只有晚上才允许她们出门闲逛。他们还将月经初潮之后的女儿也锁在家里，禁止外出。

班图人非常善于模仿和借鉴，他们很快就开始学习阿拉伯人的女性割礼习俗，并且比阿拉伯人更重视这一习俗。塔波拉（Tabora）、孔多阿、基尔瓦（Kilwa）、乌吉吉（Ujiji）、马菲亚（Mafia）等地的扎拉莫人和沿海、岛屿地区的其他班图人民族虽然并不理解这种习俗的缘起和含义，但却盲目地模仿，如阿拉伯人一样将妻女禁闭在家中。他们不再让妻子分担家务，而很乐意自己背着篮子去市场采买生活所需。他们也不再让女孩外出接受教育。为了在社会主义和自力更生意识形态基础上建成一个蓬勃发展的国家，以上所有的这些精神枷锁都亟待被清除。

　　对精灵妖怪的信仰、占卜的习俗也都来自亚洲文化,特别是阿拉伯文化。在受阿拉伯文化影响较强的地区,很多班图人都模仿他们的习俗。但是在 1850 年以前,阿拉伯人的活动范围并未扩展到非洲和坦桑尼亚的内陆地区,所以在这之前内陆的本地人并未受到亚洲文化的深刻影响。

　　在政治上,19 世纪之前,本地社会都在自由发展。殖民时代之前,本地的首领被称为姆特米(watemi)①、姆特瓦莱(watwale)和姆瓦南格瓦(wanangwa)②。姆特瓦莱和姆瓦南格瓦负责管理基层,姆特米是酋长,也是二者的上级。

　　不同群体的首领必然有不同的称谓,但笔者本人偏爱使用这个苏库马语的称谓。首先,从本质上来说,几乎所有的本地部族都有着相似的统治制度和政府结构。其次,不同部族的称谓繁多。为了便于学习,使用统一的称谓可以有效避免混淆。第三,殖民时期之前本地社会由姆特米等人统治,殖民制度下本地殖民官员的统治残酷不公,这套称谓系统可以将前后两个时期的本地统治者进行明确区分。第四,这种称谓方式还可以用于区分真正受拥护的本土首领和殖民者的傀儡官员。总体而言,在坦桑尼亚和非洲只有少数社会群体在政治统治领域给予男性和女性平等的地位。占领并统治西湖、基戈

---

① 族群中级别最高的统治者。这个词本身来自尼亚姆维齐语和苏库马语。

② 此处使用的是姆特米、姆特瓦莱、姆瓦南格瓦的复数形式,为与前文保持一致,此处的译文采用单数形式的音译。——译者

马(Kigoma)和鲁夸(Rukwa)省的尼罗人社会中常有女性统治者。但除此之外,很少有班图人社会允许女性掌握统治权。

通常而言,统治权按父系传承。在一些子女随母姓或随舅舅姓的社会,权力由母系相传。但是在随母姓的图西族(Kitusi)社会,女性也没有权力领导族群。卢古鲁族、姆韦拉族、马库阿族和尧族是母系权力较大的几个民族。

首领姆特米是由长老大会选举产生的,一般而言新任首领是在族群内部产生的,或在上任首领退休、被夺权或离世后,由他的孩子接任。选举首领之时,注意事项有很多。首先,慷慨、聪慧、坚韧和勤奋是姆特米必不可少的品质。

其次,当时以班图人为首的本地族群中,长子继承制是最普遍的权力继承方式。也就是说,统治权会传承给首领的第一个孩子。如果是一夫多妻制的社会,那么由首领的嫡长子继承统治地位。如果长老大会一致认为新任首领过于年轻、无法担此重任,那么在他成年之前,长老大会可以任命他的叔叔暂时接任统治者。

有时,长老大会可能会就首领的人选问题产生分歧。当这种情况发生时,族群成员有多种处置方式。族群分裂就是其中之一,也就是说,一个族群分裂为两个或三个小的群体,各自产生新的首领。

统治权是职责所在。当在任的姆特米、姆特瓦莱或姆瓦南格瓦不称职时,他有可能被撤职,再由新的人选接任。长老大会不仅有选择和任命首领的责任和权力,而且要发挥他们的聪明才干对首领提供指导、咨询和建议。

传统的族群首领发展了一夫多妻制的婚俗。1961 年坦噶尼喀独立时,本地殖民官员们仍在延续这一习俗,有人有二十多位妻子,还有人有超过一百位妻子。我们有必要对这种习俗进行进一步的完整论述。

最初,首领姆特米娶多位妻子是为了更好地服务人民、更好地招待来客。但是随着时间的推移,拥有多位妻子已然成为荣耀威望的象征。妻子们成为首领的财富生产工具。首领们将大小事务一应放手,交由他的妻子、孩子和因犯错而被贬的奴隶们。

经济状况较好的人后来也开始模仿一夫多妻制。大家相互夸耀:"你奈我何。咱们不是一类人了! 我可有三房老婆。"所拥有的妻子的数量成为经济实力的象征。这种习俗也是男女之间形成剥削和被剥削阶级关系的根源之一。结婚时向女方支付聘礼也是另一种贬低女性地位的习俗。妻子之于丈夫,不是一位配偶,而是一种财产,就如同他在市场上购买来的一件工具。

19 世纪以前,坦桑尼亚众多族群的规模都不大。但是到了 19 世纪,受到一些思想与时俱进的首领的影响,族群之间开始进行兼并扩张,实力也愈发强大。

19 世纪 40 年代,从南非而来的恩戈尼人一抵达坦桑尼亚境内,鲁伍马区(Ruvuma)的恩古尼人(Wanguni)就并入了他们一族。在 1850 年以前,姆特米姆维尼古姆巴(*Mtemi* Mwinyigumba)就开始统治赫赫人,他的儿子姆克瓦瓦(Mkwawa)随后继承了他的首领之位。在乌桑古地区(Usangu),姆特米梅莱莱(*Mtemi* Merere)将他管理的所有族群都统一为一个民族。坦桑尼亚各地都在发生着类似的政治、经济结构的变革,即使后来的亚洲人和欧洲人的介入也没有打断改革的进程。

坦桑尼亚的各个族群不仅在技术、经济和政治上取得了进步,而且在文化方面也得到了发展。文化传统习俗既是本地社会的发展基石,也是前进指南。由于各地的自然环境千差万别,各地的风俗习惯、生活方式也各不相同。

班图人有医治病人和安葬逝者的习俗。马赛族的尼罗人和姆布鲁族(Wambulu)的库希特人则不会立即埋葬逝者。对于生者而言,死亡是一场劫难。他们相信人死后会托生为不同的生物,它们能保佑或惩罚生者,所以他们将垂死之人、已逝者及其房屋财产弃之为鬣狗所食。这一习俗也被和马赛人一起居住在边境地区的尼亚图鲁人和戈戈人所模仿。

由于族群间的兼并和分离,不同族群相隔距离不等,分裂时间不同,丧葬习俗也不尽相同。在所有的班图人族群中,根据逝者的经济实力和社会地位,丧礼最短持续三天,最长则会超过一年。

当年幼的孩子去世时,父母将宰杀一头牛或羊,再将肉分发给亲友、村民和前来悼念的客人。但如果是成年人离世,人们就必须宰杀多头牛,牛的血和一部分肉被制作成祭品,另一部分肉用来招待客人。

尼兰姆巴（Wanyiramba）和苏库马等族会将丧礼上宰杀的牛的皮制成裹尸布。① 毫无疑问，这种习俗一定与某种信仰相关。丧葬习俗也一定与社会当前的思想、教育和科技发展水平相对应。

有些族群没有哭丧的习惯，而是在丧礼中以音乐舞蹈来表达哀悼之情。这样的歌曲歌词往往含义丰富，使闻者伤心落泪。但是在恩戈尼等族，居丧期间是严禁歌舞的。

不同民族的婚姻习俗也有所不同。在某些族群，特别是曼达人和尼亚库萨人，在新郎新娘年龄尚小的时候，双方父母就为他们订立了婚约。此后他们在成长的过程中不断加深了解，当双方成年之后再正式举行婚嫁之事。很明显，这种婚姻并不是出于自愿，所以在很多较发达的社会中，这种婚约习俗已经基本不再适用了。

不同民族教导儿童的方式也是多种多样。年轻人在成年之时会受到专门的教育。在一些族群，少女在月经初潮时会获得一些私下的教导。男孩儿在割礼和娶亲之日会获得相应的指导。通常而言，对未成年人进行教育和引导的是姑姑、年长的女性亲属或男性亲属。这种代代相传的教导被称为训诫，意为"教导年轻人"。

---

① 该说法由多多马米勒姆贝医院（hospitali ya Mirembe）的护士艾格尼丝·施拉女士（Agnesi Shila）提供，由达累斯萨拉姆的坦盟的拉希德·乌图库鲁女士（Rashidi Utukulu）证实。这两位女士都是尼兰姆巴人（Wanyiramba）。昆坝（Kwimba）恩古杜地区（Ngudu）的玛格丽特·托比亚斯女士（Margareti Tobiasi）也提供了补充信息。

在恩戈尼族和曼达族,孩子成年之后就不能再与父母一起睡觉,或者共居同一屋檐下。女孩们需要住到祖母或姑姑的房子里,男孩们则要自己建造小茅草屋。在那里,男孩们共同生活,一起学习生活技能。在男孩结婚之前,他还需要自己建造一座真正的房子。曼达人称这段青年尝试自力更生的时间为玛耶格雷拉(mayegelela)。

还有一种值得关注的习俗。在某些族群中,失去生育能力的年长女性可以"娶"一位年轻的女孩为妻,随后她再将女孩嫁给一位男子。此举是为了让年轻的男女为这位没有生育能力的年长女性生育后代。1969 年坦噶尼喀妇女联合大会在姆万扎举行,这种在马拉省(Mara)广泛流行的婚俗在会上受到尖锐批评。[①]

最后,有几点需要特别强调。首先,19 世纪时,坦桑尼亚的本土非洲人正在进行政治革命的斗争,经济上的剥削和私有制开始出现。其次,西湖地区的族群已经开始由原始社会制度过渡到封建社会。在桑给巴尔地区,非洲人社会在亚洲人的影响之下进入了奴隶制社会,到 19 世纪末期进入了封建主义和资本主义制度时期。

三、 外来影响

早在公元前 1 世纪,东非海岸的人就开始与阿拉伯人和印度人

---

① 1969 年姆万扎妇女联合大会报告,鲁代瓦区(Ludewa)曼达镇(Manda)吉平古地区(Kipingu)的赛丝丽雅·拉伊蒙德·哈乌莱(Sesilia Raimundi Haule)曾出席本次大会。

等亚洲人交往。这些亚洲人并未在此定居,而仅仅在此进行商贸活动。当时机械动力尚未出现,他们乘坐着木质帆船,依靠季风在印度洋航行。

一年之中,印度洋上六个月吹西南季风,另外六个月吹东北季风,亚洲人的航行就取决于季风的风向。一些亚洲人索性定居在东非海岸,在这里度过余生。4 世纪左右,中国航海者抵达了东非海岸,他们中的很多人都在马达加斯加岛定居下来。

亚洲人为非洲带来了珠串、布料、陶盘以及后来的枪支和火药。他们从非洲莫桑比克的索法拉带走了黄金、象牙、兽皮。除此以外,他们将一批非洲人作为奴隶带回亚洲。正如下文将要讲解的那样,奴隶贸易在 18、19 世纪得到了极大的发展。①

欧洲人于 1497 年首次到达坦桑尼亚。这对于坦桑尼亚,乃至整个非洲,都是一个历史性事件,也是新斗争的起点。然而,尽管从这时起东非沿海地区的非洲人就开始接触欧洲人,但是对于内陆的非洲人来说,他们与欧洲人的正式交往要等到 1850 年以后。

1498 年葡萄牙航海船队在瓦斯科·达·伽马(Vasco da Gama)②的带领下首次经过非洲东海岸到达印度西南海岸的卡雷卡特

---

① A. J. Wills, *History of Central Africa*, OUP, 1967, uk. 73 - 75. Pia somo Dk. E. A. Alpers, *The East African Slave Trade* na Walter Rodney, *How Europe Underdeveloped Africa*.

② 第一位经由南部非洲和东非到达印度的欧洲人。

(Kulikuti)①。土耳其封锁了陆地商路之后,葡萄牙人开始寻找替代路线。从航海家亨利②时代,到 1492 年哥伦布带领西班牙船队到达美洲大陆,再到五年后瓦斯科·达·伽马成功绕过非洲大陆,葡萄牙花费了半个多世纪的时间,终于找到了通往远东进行香料贸易的海上商路。

葡萄牙人的船队也一并将帝国主义带到了东非海岸。为争夺重要城邦,他们与阿拉伯人交火开战。阿拉伯人已经在这些城邦发展了几个世纪之久。但葡萄牙人远航的目的是与印度和远东地区进行贸易,东非海岸的这部分地区对他们而言有相当重要的经济和军事意义,因此他们必须将其占为己有。此外,控制这些地区也有利于保障葡萄牙船队在印度洋海域的安全。

非洲人也卷入了葡萄牙人与阿拉伯人的争夺战之中。有时非洲人与阿拉伯人结盟,有时又加入葡萄牙人一方。索法拉、基尔瓦、马林迪、蒙巴萨等城市先后被阿拉伯人和葡萄牙人占领。发展水平落后的非洲人无力在军事上取胜,无法夺回这些城邦的控制权。1850年之后,亚洲人和葡萄牙人的势力向内陆地区扩展,逐步征服大陆地区。

尽管坦桑尼亚大陆沿海地区和桑给巴尔地区始终处在多方的影

① 印度西南海岸的城市。
② 葡萄牙国王之子,曾派遣船队前往西非海岸。

响之下,但是在本质上,这些地区仍然是班图社会。从语言学的角度上来看,斯瓦希里语起源于班图语,在与外来文化的接触中,来自阿拉伯语、印地语和葡萄牙语的借词丰富发展了斯瓦希里语的词汇。奴隶贸易也在此过程中发展兴盛,到 18、19 世纪达到了巅峰。1832年,阿曼①素丹赛义德·萨伊德(Seyidi Saidi)定都桑给巴尔。此时,欧洲的资本主义已经发展至帝国主义和殖民主义阶段。这些外部势力的此消彼长都将对坦桑尼亚的斗争运动起到整体性的影响。

19 世纪以后,殖民主义的到来标志着坦桑尼亚的历史发生了巨变。坦桑尼亚对外关系也从以协商为基础的商业合作,变为了以敌对和冲突为主的对立抵抗。

---

① 阿拉伯大陆上的一个国家。

第四章

资本主义与亚洲殖民者

如前所述,来自阿拉伯和印度的亚洲人多年以来始终在东非沿海和岛屿地区从事贸易活动。其中一些阿拉伯人在当地结婚并定居下来。他们在诸如蒙巴萨、基尔瓦等深受阿拉伯封建等级文化影响的沿海城市开展商业贸易,同时也将伊斯兰教引入这些地区。

一、 奴隶贸易

1832 年,阿曼素丹赛义德·萨伊德占领了桑给巴尔岛及沿海地区。一些历史学家认为赛义德·萨伊德在 1840 年将阿曼的首府迁至桑给巴尔岛[①],但笔者认为 1832 年是一个更准确的年份。这段由外来者统治桑给巴尔地区的历史直到 1964 年 1 月 12 日革命成功之日才画上句号。

1832 年之后,桑给巴尔岛上的亚洲人和非洲人之间的关系出现了新的变化。萨伊德素丹上任后的第一件事就是将桑给巴尔地区所

[①] Z. A. Marsh na C. Kingnorth, *History of East Africa*, 2nd Edition, CUP, 1961 uk. 20. 马尔什(Marsh)认为迁都的时间是 1832 年,而约翰·伊利夫(John Illife)在《德属东非》(*Tanganyika Under German Rule*)一书中认为是 1840 年。

有的土地占为己有。阿拉伯殖民者瓜分了土地，而桑给巴尔的人民只得沦为替他们卖力的奴隶。

经济作物丁香也在 1832 年之后开始被大规模种植。香料贸易的繁荣带动了奴隶贸易的发展。基尔瓦、巴加莫约、庞加尼和桑给巴尔的奴隶市场都十分活跃。

被买卖的很多奴隶来自中非、坦桑尼亚大陆和扎伊尔等地区。1850 年以后，阿拉伯奴隶商人在非洲大陆暴力掠夺和购买奴隶的行为愈演愈烈。还有一些非洲人在此贸易中充当了搬运工的角色。

阿拉伯人为获取奴隶绞尽脑汁。他们采取的方法之一就是挑起族群之间的斗争。阿拉伯人首先选择一些实力稍强的姆特米提供支持，静待两个族群陷入战争。战争结束后，姆特米就会将一部分战争所俘获的奴隶卖给阿拉伯人。一些有私心的姆特米，甚至普通人也会抓捕他们的同胞卖给阿拉伯人，以换取枪支、珠串、布料等商品。还有一些触犯了族群法律的民众也会被卖给阿拉伯人为奴。在此过程中，想要从中牟利的姆特米成为了奴隶贸易的主动参与者。

抓捕奴隶往往是在暗中进行的。在夜幕的掩饰之下，当地人被姆特米的手下掳走并被转卖为奴。这些参与到奴隶贸易中的姆特米与参与象牙、犀牛角、铜矿和毛皮等生意的是同一伙人。恩戈尼、赫赫、查嘎和尼亚姆维齐等族群纷纷充实军备，与相邻族群交战，这为封建制度的发展奠定了基础。

有一些奴隶来自管理较为松散的族群。由于政治上处于弱势，这些社会的居民始终处于亚、非奴隶贩子的威胁之中。但是仍有一些族群坚持不贩卖居民为奴,例如恩戈尼、赫赫和尼亚姆维齐。姆特米米兰博(Mirambo)就曾用自己的游击队拦截了很多个运奴的商队。

在坦桑尼亚大陆的大部分地区,奴隶贸易都没能改变传统的原始社会制度。但在桑给巴尔岛,奴隶贸易却引入了奴隶制并不断巩固之。19世纪末,奴隶制在法律层面上被废除,取而代之的是封建制度。桑给巴尔的封建制度一直持续到1964年1月12日的非洲—设拉子党革命。

简言之,在坦桑尼亚从事奴隶贸易的人都是来自非洲和亚洲的剥削者。但与此同时,和在西非和南非情形相同,欧洲人也在其中发挥了重要的作用。因为欧洲人不仅需要为他们在马达加斯加和毛里求斯的甘蔗种植园寻找奴隶作为劳动力,还对桑给巴尔地区出产的丁香有极大的需求。欧洲国家在17世纪之后就纷纷进入资本主义阶段,发展资本主义生产和贸易都离不开在殖民地为他们生产原料和商品的非洲奴隶。

不公平的奴隶贸易正是非洲人被压迫被歧视的历史的开端。非洲人被视为财富生产工具,如同商品一般被买卖。在坦桑尼亚大陆,奴隶贸易不仅导致了人口流失,还阻碍了当地的发展。在一些地区还带来了族群间的冲突和吞并。

奴隶们被运送到桑给巴尔岛的奴隶市场进行拍卖交易后,将在极其恶劣的船运条件下被运送至其他国家。19 世纪下半叶,英国废奴运动兴盛,奴隶贩子们为免遭责罚直接将奴隶们扔进海里。在阿拉伯地区,很多男性奴隶被净身成为阉人,而女性奴隶和阿拉伯人所生的孩子也难逃被处死的命运。

奴隶们不仅是种植园里的生产工具,他们还被当作交通运输工具。在独立前的桑给巴尔岛和马达加斯加岛,上等人出行时都使用奴隶们拉的人力车和轿辇。

奴隶贸易的废除与欧洲资本主义的发展有着直接的关系。至于资本主义对废奴运动的具体影响,笔者已在《非洲人斗争史》一书中进行了阐释。[①] 英国率先进行工业革命,同时也是第一个发展资本主义和进入帝国主义阶段的国家。在欧洲工业社会,资本家已经不再需要奴隶,他们所需要的是为他们提供劳动力、原料和商品倾销地的殖民地。所以当现行的奴隶制度与资本帝国主义社会的发展规律相背而驰时,欧洲人废除奴隶贸易就势在必行。

但尽管如此,仍有一些欧洲国家直到 19 世纪末、20 世纪初还继续进行着奴隶交易,葡萄牙就是其中之一。作为曾经首个抵达非洲大陆的欧洲国家,葡萄牙在很长一段时间里都是奴隶贸易和旧殖民主义的卫道者。

欧洲帝国主义国家之间的竞争愈演愈烈,为解决列强间的霸权

---

① H. Mapunda, *Historia ya Mapambano ya Mwafrika*, TPH, 1976, p. 7.

划分问题，1884—1885 年，一场著名的国际会议在柏林召开。

这次会议的各与会国一致同意将非洲划分为各欧洲帝国主义列强的殖民地，但前提是各国保证在所属殖民地内废除奴隶贸易。于是，废除奴隶贸易和奴隶制成为会议的一项正式宣言，也改变了此后欧洲各国在非洲大陆殖民地上的剥削方式。

在东非，由于桑给巴尔政府和素丹赛义德·萨伊德及其继任者赛义德·马吉德（Seyidi Majidi）、赛义德·巴尔加什（Seyidi Baragashi）的反对，废除奴隶贸易的进程变得异常困难。奴隶贸易是桑给巴尔的阿拉伯帝国主义者的经济基础，素丹更是在奴隶进口的海关税上获利不菲。而废除这项贸易就意味着完全改变桑给巴尔地区的生产生活与社会经济。

当诸列强对势力范围展开争夺时，桑给巴尔素丹对政权的稳固充满了担忧。最终素丹不得不应允英国的要求，宣布在桑给巴尔废除奴隶制。而狡诈的英国殖民者也承诺将保护素丹免受德国和美国等列强的侵略。

二、 桑给巴尔的阿拉伯人和英国人

阿拉伯人的统治促进了奴隶贸易的发展，也在桑给巴尔岛和大陆沿海的部分地区建立起了奴隶制社会。

在 19 世纪的非洲，欧洲各国的资本家以殖民者的身份蜂拥而至。他们都想在东非大陆分一杯羹。在这个掠夺进程中,桑给巴尔岛和奔巴岛的战略地位十分重要,每个欧洲国家都想将其占为自己的殖民据点。

桑给巴尔岛对欧洲人最大的吸引力便是它的丁香产业。其次,作为印度洋航线上的中转站,桑给巴尔岛的地位也不可忽视。在相当长的一段时期里,欧洲殖民者都为印度和远东的香料贸易争斗不休。远东贸易的优势地位与航海线路的稳定息息相关,因此桑给巴尔岛优越的地理位置决定了它在欧洲人眼中不可替代的重要地位。

19 世纪下半叶,英国人加入到了废除奴隶贸易和奴隶制的行动中来。赛义德·萨伊德(1832—1856)、赛义德·马吉德(1856—1870)和赛义德·巴尔加什(1870—1888)在位期间同英国签订的大量贸易合约被废止。

19 世纪 50 年代,很多欧洲国家都在桑给巴尔地区有自己的代理人。英国人竭尽所能地与桑给巴尔素丹交好。他们的真实目的其实是将桑给巴尔岛占为己有,使之成为英国殖民地。但当时的桑给巴尔素丹并没能认清英国人的真实企图。英国人假装为萨伊德素丹和他的继任者提供保护,而他们的所求仅仅是期望在桑给巴尔获得比在其他国家更大的自主权。1854 年在前往首都马斯喀特之前,萨伊德素丹向英国领事馆咨询平息叛乱的办法。

1856 年萨伊德去世,在海军的帮助下,英国人扶持萨伊德素丹的第四子赛义德·马吉德上位。在调停桑给巴尔素丹马吉德和马斯喀特素丹图瓦伊尼(Tuwaini)间的矛盾时,英国人倾向于使阿曼保留两个相互独立的首都。早在赛义德·萨伊德素丹统治时期,马斯喀特就在经济方面极大地依赖桑给巴尔,所以英国人提出每年支付马吉德12万先令的补偿金,以换取英国对马斯喀特的统治权。这一倡议得到了桑给巴尔和马斯喀特双方的认同。但英国人的实际意图仅仅是削弱桑给巴尔素丹的实力。

19世纪80年代,德国人开始侵占坦桑尼亚大陆,而英国人已经占领了肯尼亚和乌干达。迫切期望在东非获取更多殖民地的英国人和德国人都是桑给巴尔素丹的心头大患,但巴尔加什和他的继任者们却不得不从这两位无赖中选出一位做朋友。巴尔加什最终选择了英国人作为他的盟友。

英国人并不想与阿拉伯人发展双边关系。这也是英国正在布局的一步棋,他们想借此夺取对桑给巴尔岛的控制权。19世纪90年代,德国人在坦桑尼亚内陆地区遭到了抵抗,时局一度混乱。英国人抓住机会趁乱以"保护"桑给巴尔素丹为借口成功地介入了桑给巴尔的政治统治领域。

1885年,英国、桑给巴尔素丹和德国三方签订条约,将达累斯萨拉姆(Dar es Salaam)港口划归德国管辖;次年德国将接手原属桑给巴尔素丹的坦桑尼亚内陆全境的统治权。该条约还规定从肯尼亚国界到鲁伍马河之间的16公里的沿海区域仍属桑给巴尔素丹所有。但没过多久,葡萄牙人和德国人在一份条约中将鲁伍马河确定为两国殖民地的分界线。1888 年，在另一份条约中，桑给巴尔素丹被迫将沿海的 16 公里属地出售给德国。

很多历史学家都认为，桑给巴尔素丹统治的没落应该归咎于德国殖民者强迫其与英国政府签订条约这一系列的举动。这份条约使英国人成为唯一的使桑给巴尔不受别国侵略的保障。从某些程度上讲，历史学家们的判断是有道理的。但是如果我们深入思考，彼时的英国站在所有帝国主义侵略活动的最前线，已经占领了肯尼亚和乌干达，而素丹本人也深陷与坦桑尼亚大陆、肯尼亚和乌干达部分本地统治者签订条约的困境之中。因此，英国人和素丹之间的虚假友谊只不过是英国人想要攫取更多东非殖民地的阴险手段之一。

三、桑给巴尔的封建制度

1896 年，英国人武力入侵并夺取了桑给巴尔地区的所有统治权，并将赛义迪·萨伊德素丹王府强征为殖民大本营。从此以后，桑给巴尔地区事实上已成为英国殖民地，而素丹也沦为殖民者的傀儡。

1897 年，英国人提出以法律的形式禁止和废除奴隶贸易和奴隶制。在素丹的帮助下，这一法律也顺利通过并得以实施。1897 年废奴法规定每一位想要恢复自由的奴隶可以前往政府或行政中心进行申请，但并未要求奴隶主立刻释放所有奴隶。这是这项法令的重大失误之一。英国当局承诺为释放奴隶的阿拉伯奴隶主发放补偿金。

为了确保这笔补偿款的到位,1900 年阿拉伯人组建了阿拉伯人联盟党(Arab Association,A. A.)。[①] 这项法令仅对奴隶制的存废进行了规定,但并未重新分配土地。获得自由身份的奴隶发现自己无钱无地,无处可去。争取来的"自由身份"成为了一份虚无的欺骗。

虽然 1897 年的法令从法律层面上废除了奴隶贸易和奴隶制,但桑给巴尔地区数以千计的奴隶争取切实的自由的道路却是困难重重。旧的奴隶市场确实被关停,但新式的奴隶市场已经建成。这种新的形式也就是移民劳工输出。他们将非洲的劳工从大陆运出,随后再运往欧洲和亚洲贵族与资本家的种植园。

因为没有分得土地,一些奴隶们以自由平民的身份继续留在他们从前的阿拉伯奴隶主的土地上生活和工作。这样看来,废奴法令无疑建成并固化了桑给巴尔的封建制度。阿拉伯人继续维持剥削者的阶级地位,而非洲人则仍然是弱小的被剥削者阶级。这些获得解放的奴隶甚至感受不到从前身为奴隶和现在身为自由平民之间的区别。直到 1964 年的革命推翻素丹政府之前,他们仍然在思想上认为自己是奴隶。另一些获得自由的奴隶转而以给印度的资本家打零工为生。

当时,英国人是桑给巴尔岛的实际统治者,但日常的物质资料生产和行政服务都是由亚洲的阿拉伯人和印度人承担的。在乡村区

---

① John Middleton and Jane Campbell,Zanzibar:Its Society and its Politics,London,I. R. R.（OUP,1965）,uk. 46.

域,阿拉伯人掌握几乎所有的决定权。而本土非洲人从 1897 年的废奴令中没有丝毫获益。

因为制度的改变,雇佣短工的阿拉伯奴隶主们开始面临资金周转问题。印度人垄断了大部分重要领域的贸易权,也因此掌握着雄厚的财力。阿拉伯人不得不向印度人借债,但常常不能如期还清。为了向阿拉伯人讨债,也为了协商其他的经济纠纷,印度人在 1910 年成立了印度民族联盟党(Indian National Association,I. N. A.)。1927 年英国殖民政府通过了一项法令,规定桑给巴尔岛丁香的收购权为印度专有。但 1937 年,印度国民大会党(Indian National Congress)要求印度停止从桑给巴尔进口丁香,这对阿拉伯人来说无疑是一个巨大的打击。为了使阿拉伯人摆脱糟糕的经济困境,殖民政府介入并回应了印度人的要求。阿拉伯人联盟党和印度人联盟党(Indian Association)均是两个权益组织,也是独立后政党的原型。而非洲人,在 1934 年以前并没有任何维护自己权利的组织或团体。

不论是在生活上,还是在经济上,非洲人都处在被统治和被压迫的地位。他们其中一部分是桑给巴尔岛的本地人,还有一些是后来迁居到岛上的非洲奴隶。受阿拉伯人的影响,其中一些桑给巴尔岛和奔巴岛的非洲人开始自称为设拉子人,并宣称他们的祖籍是阿拉伯地区的伊朗。各怀鬼胎的阿拉伯地区和欧洲的帝国主义者对他们站不住脚的主张表示了支持。

但是由于"设拉子起源"的提出影响重大,社会各界都对此议论纷纷。这些争论也让我们看清了坦桑尼亚人民将要与之斗争的各方势力究竟几何。

四、 桑给巴尔的政党

在 1934 年以前,桑给巴尔人民并没有为自己争取经济和政治权益的组织。但多年来遭受的剥削和压迫使得他们逐渐在政治上开始觉醒。

1927 年,坦桑尼亚大陆的政府公务员们组建了非洲人联盟党(African Association,A. A.)。七年之后,桑给巴尔的非洲人也组建了非洲人联盟党。两方在 1948 年之前始终通力合作。桑给巴尔的非洲人联盟党是该政党的重要分支。

非洲人联盟党在每个省份都有党支部。每年召开党代会的地点都不同,或在达累斯萨拉姆,或在多多马,或在桑给巴尔岛。全国党总支的主要任务就是统筹各地的党务工作。

坦桑尼亚大陆和桑给巴尔岛的人民一直将彼此视为一家,不分你我。非洲身份就是形成这种共识的根基,而多年来被奴役、被统治、被压迫和被剥削的经历更加深了彼此间统一的同胞兄弟之情。

与大陆一样,桑给巴尔非洲人联盟党的主要工作也是促进桑给巴尔非洲人的民族政治意识的觉醒。在英国人多年的殖民统治之下,殖民者将本地人按照种族划分成了几个群体:非洲人、设拉子人、阿拉伯人和印度人。这种划分正是英国人的阴谋,他们企图通过制造内讧,达到从内部分裂桑给巴尔本地人力量的目的。

这些自称为设拉子人的本土居民在殖民者的怂恿之下开始与其他本土非洲人保持距离。他们认为这就是走上了自我解放之路。1939 年,他们组建了自己的政党——设拉子联盟(Shirazi Association, S. A.)。

设拉子联盟的创立与第二次世界大战时期的"粮食援助阴谋"有着紧密的关系。1939 至 1945 年,世界上的大部分地区都因战争遭遇了粮食危机。桑给巴尔岛的英国统治当局不得不向灾民提供粮食援助。他们划分了三类援助标准,分别是欧洲人、印度人和阿拉伯人,以及非洲人。欧洲人的粮食配额最充足,也最齐全。印度人和阿拉伯人每人每周能获得一匹希①的大米和面包,1.5 公斤的糖和油等。而非洲人的待遇最差,每人每周只能获得一匹希的玉米面和菜豆。

在此情形下,设拉子人为了获得与阿拉伯人同样的粮食配额,决定脱离非洲人群体,接受亚洲人身份。英国人的这一援助方案引起了阿拉伯人协会和设拉子人协会与桑给巴尔其他本地人民之间的阶级对立。

桑给巴尔岛的非洲人联盟党并入了大陆的非洲人联盟党,并成功地唤起了桑给巴尔人民的政治觉醒。需要注意的是,先前桑给巴

---

① 东非本土用来称量粮食的器具或单位,1 匹希约等于 2 800 克。——译者

尔的非洲人联盟党和阿拉伯人联盟党直到 1950 年都没能为桑给巴尔人民带来民族政治意识的觉醒。

1953 年 4 月,桑给巴尔民族联盟党(Zanzibar National Union, ZNU)成立,非洲人雷姆克(Lemke)任书记。该党首次提出了"消除种族歧视"的口号,并强调民族统一的重要性。但当时的桑给巴尔人民并未完全了解和拥护"民族统一"的理念。在建党当年的年底,该党就走向了解散。虽然建党的历史十分短暂,但桑给巴尔民族联盟党提出的"民族统一"理念却留在了时人心中,并对民族解放运动产生了深远的影响。

第五章

德国在坦桑尼亚大陆的殖民统治

一、 德国殖民统治之前

1498 年起,殖民者开始出现在东非沿海地区。1840 年以前,欧洲殖民者与坦桑尼亚内陆地区尚未建立联系,但是已经开始接触沿海和岛屿地区。

1840 年以后,局势开始转变。这一时期,欧洲迎来了资本主义的大发展;与此同时,他们在其他大陆的殖民地开始陆续爆发民族解放运动。新旧资本主义国家间的竞争日益激烈。澳大利亚、美洲、印度和远东等已有殖民地所提供的原材料已不能满足欧洲资本主义的发展需求,但非洲是一片未开发的处女地。非洲大陆生产原材料和消费工业制成品的潜力正是解决欧洲列强激烈竞争的绝佳办法。

路德维希·克拉普夫(Ludwigi Krafu)和约翰内斯·雷布曼(Yohana Rebumani)是最早进入坦桑尼亚大陆地区探险的欧洲人。克拉普夫和雷布曼是服务于英国圣公会(C. M. S.)的基督教传教士。在肯尼亚时,他们曾向当地社会传播基督福音,随后经由蒙巴萨进入坦桑尼亚。

如同那一时期所有的传教士一样,这两位传教士也对坦桑尼亚当地的风土人情、自然地理、经济政治结构，以及上至首领下至平民的社会心理进行了详尽的研究。他们将所见所闻悉数记录在册。为了便于了解当地的传统习俗、政治、经济和生活方式，欧洲的探险家和传教士常常与族群首领共同生活。继这两位传教士之后，约瑟夫·托马斯博士(Dk. Yosefu Tomaso)、大卫·利文斯顿博士(Dk. Daudi Livingistoni)、斯佩克(Speki)和格兰特(Granti)等人也纷纷来到东非。他们所留下的探险记录为欧洲资本主义者在坦桑尼亚乃至整个非洲确立殖民统治都提供了极大的便利。

大卫·利文斯顿是一位非常著名的探险家。他在探险上的贡献比传教事业更为显著。他的足迹遍布南非、中非和东非。1866 年左右，他在东非勘测的最后阶段，更偏重坦桑尼亚的南部和西部。他从姆特瓦拉(Mtwara)到鲁伍马河，再到尼亚萨湖(Nyasa)地区。此后他取道马拉维和赞比亚一路向北，其间受到酋长卡赞贝(Kazembe)的款待。离开赞比亚之后，他跟随阿拉伯商队到达坦噶尼喀湖畔，再乘船抵达坦桑尼亚的乌及及，之后继续前进至塔波拉地区，休整一段时间后再次返回乌及及，并横渡坦噶尼喀湖，抵达了对岸的扎伊尔。在扎伊尔的尼安格韦(Nyangwe)村[1]，他目睹了阿拉伯人用枪支屠杀了三百多个即将被出售为奴的马涅马人(Wamanyema)。

据说这次经历对他的触动非常之深，最终使他决定即刻返回乌

---

[1]　A. J. Wills, *Introduction to the History of Central Africa*, OUP, 1967, uk. 95.

及及，加入废奴运动。此后，他在这里与美国记者亨利·斯坦利（Henure Stanili）相遇。这位来自美国《纽约先驱报》[1]的记者听到大卫已经失踪甚至离世的传闻，所以来到乌及及寻找事情的真相。

在帝国主义、殖民主义和坦桑尼亚人争取民族解放斗争的历史议题里，大卫·利文斯顿是传教士中的典型代表。关于神父、传教士和不同教派的信徒在非洲人民族解放运动中作用的研究与讨论直到坦桑尼亚独立之后仍在被持续关注。

有关利文斯顿的贡献、目标以及主张的问题曾经是每年非洲各个阶段学生考试的必考题。为了在历史考试中能够取得好成绩，学生们都将他的事迹熟记于心，将其视作非洲人灵魂、思想和身体的解放者。但这些题目基本上只要求学生对利文斯顿有初步的了解，并不要求学生们做出深刻的分析。

在很多历史学作者的笔下，利文斯顿都是对非洲人民满怀深情的形象。他为遭受奴隶贸易之苦的非洲人民而奋斗，为争取非洲人的经济、文化、精神和思想上的解放而努力。就政治立场而言，殖民主义历史学家提出这些主张是完全正确的。当时的教育系统是为发展殖民主义服务的。因此，能够鹦鹉学舌般将这些观点熟记于心的学生被视为聪慧的学生。而在当时的社会体制下，顺利通过考试是对生命安全的极大保障。

---

[1]　A. J. Wills, *Introduction to the History of Central Africa*, OUP, 1967, uk. 95.

　　这种不良的教育在四分之三个世纪里深刻影响着非洲学生和学者们的思想。而当下广大非洲的历史学研究者亟需一种新的革命性的史学研究态度,以便书写更真实公允的非洲历史。

　　在殖民者的历史书写下,利文斯顿被赋予了许多光环。作为坦桑尼亚大陆最早的开辟者,利文斯顿是殖民者眼中的勇士。他不仅记录了当地的地理、气候、土壤和动植物等自然情况,还描述了善良好客的民风、劳动生产方式、信仰、民族和社会间的政治关系等人文信息。利文斯顿通过写作、演讲和会谈向帝国主义者传递信息。很多欧洲传教士、农场主、淘金者、猎人正是因为利文斯顿对非洲的种种描述,才决定来到非洲大陆。

　　每当利文斯顿向欧洲列强发表演说的时候,他总是声称自己是本着"文明开化"非洲人的初心。在这里,"文明"即意味着将欧洲文化和信仰引入非洲。非洲人的文化价值受到轻视,欧洲的文化则为人所推崇。

　　利文斯顿另一个重要的主张是废除奴隶贸易,以货物贸易取而代之。为了落实这项计划,利文斯顿认为必须广泛呼吁欧洲人移居至此,开展商贸活动,重建新文化。他的这些主张深受殖民主义历史学家的推崇,但实际上,利文斯顿并未说明欧洲人移居非洲之后如何在废除奴隶贸易、引进商品贸易的同时避免殖民主义的入侵。除此之外,利文斯顿也非常清楚,欧洲移民一定会将非洲人作为他们获取经济利益的工具。鉴于先前南非的白人移民在当地生活时所暴露出的种种问题，利文斯顿早该意识到欧洲移民和本地人之间发生冲突的症结所在。而且利文斯顿的所有主张很明显是要依靠殖民政府的力量进行推进。这些问题在此后几十年的实践中得到了印证。

利文斯顿在去世之前就立下了遗嘱：死后他的心脏埋在非洲，他的尸身安葬于欧洲。他的这一遗愿也值得认真分析。

1873 年 5 月 1 日，利文斯顿在班韦乌卢湖（Banguelo）湖畔的奇坦博（Chitambo）与世长辞。他的仆人苏斯（Sushi）、楚玛（Chuma）、雅各布·维恩莱特（Yakobo Weriti）[1]等人按照"主人"的遗嘱，将他的心脏埋于非洲，随后背着他的尸身一路途经乌及及、塔波拉等地，最终到达坦桑尼亚沿海的达累斯萨拉姆。背着未经处理的尸体长途跋涉，这一举动实在是对人的虐待！

搬运尸体的仆人们因为长期依附于利文斯顿而失去了智性的思考能力，他们实际上与被卖为奴的那些人没有本质区别。

利文斯顿的尸体从桑给巴尔岛出港，通过海路被运抵英国安葬。在他的墓碑上刻有这样几行字：我别无所求，只希望上帝赐福于美国人、土耳其人和英国人，他们将会去医治人世间的这处溃烂。[2] 这里所说的"溃烂"指的是奴隶贸易，而据说就在利文斯顿离世一个月之后，桑给巴尔的奴隶交易市场就被关停了。

利文斯顿的遗言大有深意，非常值得深入研究。为什么他特意

---

① Kama hapo juu，uk. 96.
② 同上。

提到了美国、土耳其和英国这三个国家？笔者对此有几点简短的思考和分析。

这三个国家均是帝国主义国家。呼吁这三个国家废除奴隶贸易是希望这些国家能与仍在从事奴隶贸易的阿拉伯和非洲的剥削阶级做斗争。彼时的奴隶贸易和奴隶制已经阻碍了这三个国家的资本主义发展。废除奴隶贸易是为了让殖民主义取而代之。

作为欧洲列强之一，英国率先坚定立场，彻底地与阿拉伯和非洲的奴隶贸易划清界限，成功废除奴隶贸易便指日可待。然而，紧随其后的是列强瓜分非洲，处在欧洲殖民地上的非洲人更是毫无自由可言。

传教士们借助他们的传教组织为殖民主义的到来做了前期准备。教会每日的布道演说除了传播基督教的福音，还让非洲人对外来事物不再排斥。但笔者认为这种人造的亲近感是一剂精神鸦片，让非洲人开始放弃怀疑，转而去依赖欧洲人的种种说辞。

1870 至 1900 年间，基督教会在坦桑尼亚设立了很多传教点。[①]为了安全考虑，也为了方便蒙蔽当地人，这些传教点往往选址在姆特米的官邸附近。传教士首先骗取姆特米的信任，从思想上、文化上甚至是政治上影响他们，以便利用他们推广欧洲文化。

在坦桑尼亚的很多地区，传教士介入了当地的政治事务。在莫

---

① Z. A. Marsh & Kingsnorth, *History of East Africa*, OUP, 1961, uk. 84.

西省（Moshi），传教士假借友谊之名为莫西的姆特米琳迪（Rindi）提供大量军事援助，帮助他在与基博绍（Kibosho）的姆特米斯纳（Sina）的斗争中取得胜利。[①] 就这样，传教士表面上用所谓真挚而平等的友谊换得了姆特米对殖民者的好感与信任，但实际上却进一步加强了帝国主义者们惯用的"分而治之"的策略。帝国主义者的野心在殖民地的教育系统中就可见一斑。非洲学生的教育内容由传教士决定，而且教育机会并不均等，只有政治或宗教首领的孩子才能获得入学机会。他们其中的一部分人此后就将进入那个统治、压迫和剥削他们非洲同胞的殖民体系中就职。至于其他的重要领域，例如医疗卫生，也是传教士用来诱骗非洲人民接纳殖民统治的工具。

大卫·利文斯顿的很多随从都是从奴隶贩卖中被解救出来的，他们也是第一批转信基督教的当地人。传教士们传授给他们各种各样的专业技能，例如木工、瓦工、打铁和办公技能等。掌握这些技能之后，这些当地人却并不能享有从业自由，他们不能为其他任何个人或机构工作，他们所获的薪水又极其低微，甚至都不能维持基本的生活开销。

传教士常将传教点建在穷苦人聚居的地方。因为对于那时的非洲人来说，过上富裕的生活就如同一种原罪。有一句很著名的祷告词是这样说的"盼君莫希冀，财富与荣誉，地位与欢愉"。虽然在推翻

---

① Andrewa Robert，uk. 66 - 68，katika *A History of Tanzania*，Mhariri I. N. Kimambo na A. J. Temu EAPH；(1969).

殖民统治之后，这句祷告词就被禁止，但在当时非洲人每天都会虔诚地将这句话念诵两遍。久而久之，这种思想潜移默化地被非洲人所接受，并且巩固了殖民者奴役非洲人的政策。卡尔·彼得斯（Kalo Petro）曾言："造物主决定了黑人就是为劳作而生的。"[①]为了使强迫非洲人为白人劳动这件事合法化，彼得斯的这句话被殖民者解释为"殖民政府的要务之一就是督促当地人为白人卖命"。[②] 这一说法被所有的欧洲殖民者、传教士和资本家奉为圭臬。欧洲人就是用这种方式让非洲人相信，自己是被上帝诅咒过的一群人，而他们黑色的皮肤正是诅咒和无能的象征。

二、 坦桑尼亚人民对德国殖民者的反抗

率先对坦桑尼亚大陆进行殖民的是德国人。主权自治是每个国家都应享有的权益，但是德国却剥夺了坦桑尼亚大陆人民的自由并不断压迫他们。

1884 年，德国东非公司成立。[③] 公司负责人是卡尔·彼得斯。公司的主要目标就是为德国在非洲争取殖民地，促进德国资本主义经济发展。

---

① J. Illiffe, *Tanganyika Under German Rule*, OUP（1969），uk. 64.

② 同上。

③ J. Illiffe, uk. 291, katika *Zamani*, Mhariri B. A. Ogot.

1871 年，俾斯麦成功实现了德意志民族统一，德国终于进入了帝国主义阶段。在 1884 年之前，俾斯麦对开拓殖民地并不十分感兴趣，但是他的态度由于德国工业在这一时期的大发展而出现了转变。

1884 年，卡尔·彼得斯博士创建了德意志殖民协会。[①] 在向传教士和探险家请教有关非洲地理环境等重要信息后，同年做好准备的彼得斯与同伴抵达了坦桑尼亚大陆的萨阿达尼（Saadani）。

这次探险让彼得斯一行人清晰地认识到了非洲人与欧洲人在发展上的巨大差距。非洲社会在科技发展上大大落后于欧洲社会，这也成为制约非洲生产力发展的重要因素。所以，尽管非洲大陆有着丰富的资源，但在经济方面远不能与欧洲匹敌。

在非洲的很多社会，农作物生产的品种非常集中且有限，其中很大一部分还是为了满足生存的需要。非洲人主要的粮食作物有高粱、黍和珍珠粟等。各种块茎类植物也是重要的主食，例如土豆、山药[②]、甘薯及野生薯类[③]。本地人并不十分重视种植更有利于身体健康的食物，也无意改良原有的烹饪方式。

总的来说，坦桑尼亚社会没有足够的能力来创造额外的生产资料，后者对改善人民的生活水平而不仅仅是维持生计十分重要。这

---

① G. C. K. Gwassa，uk. 98 - 99 katika *A History of Tanzania*，EAPH（1969），Mhariri I. N. Kimambo na A. J. Temu.

② 恩戈尼人常用的食物。

③ 居住在恩琼贝的贝纳人常用的食物。

些生产资料包括家用、农业和工业器具以及空中、陆地和水上的交通运输工具。造成这种情况的原因是科技水平的落后。

欧洲人在基础科技方面非常先进,获得的经济利益也远远多于非洲人。欧洲列强带来的舶来货物非常受本地姆特米的喜爱。但是这些姆特米没有接受过学校教育,他们的行为处世都是依照经验、习惯和传统习俗。所以,深谙外交之道的欧洲人总能轻易地骗取姆特米的信任。

殖民者也清楚地知道,非洲善良好客的民风很大程度上是来源于他们原始的集体生活方式,这样的生活方式使他们善良且富有同情心,同时也间接导致了他们的贫困。贫困的根源就是科学技术的落后。

对卡尔·彼得斯在坦桑尼亚推进殖民目标的过程和手段进行深入探究是非常有必要的,这有助于分析殖民者顺利统治坦桑尼亚的原因。

在来到非洲之前,卡尔博士就已经准备了一些“欺诈合同”。非洲人并没有机会参与起草合同的过程,因为卡尔不希望当地人意识到这些合同背后的真正目的是征服当地社会,并将国民们置于残暴的殖民统治之下。下面附上一段卡尔·彼得斯与姆特米曼古恩戈(Mangungo)所签协议的节选:

乌萨加拉(Usagara)姆索韦洛(Msovero)地区的姆特米

> 曼古恩戈与卡尔·彼得斯博士。曼古恩戈代表他统治下所有的人民,彼得斯博士代表他的团队及未来的合作者,双方在此签订长期友好协定。曼古恩戈同意将其属地和全部的治理权交给卡尔·彼得斯和他所代表的德意志殖民协会,供其用于推广德国的殖民主义。
>
> 卡尔·彼得斯博士谨代表德意志殖民协会同意接受姆特米曼古恩戈的属地及属地上的所有权益,而不干涉乌萨加拉人的自由。①

为了展现热情友好,也为了笼络人心,卡尔将瓶装烈性酒等礼物赠送给姆特米。

这些礼物实际上都是诱饵,但本地人并没有识破他的诡计。很多姆特米喝醉后在没有对协议的细节进行任何询问的情况下,就在协议上签下了名字。

在有些地区,卡尔使用"欺诈合同"的方法并不奏效,所以他不得不另寻他法。例如在乞力马扎罗地区和南部高原地区,他就利用了几个相邻族群间的冲突,假意与一方进行合作,结成"表面联盟"。

莫西地区的姆特米琳迪与基博绍的姆特米斯纳不睦。琳迪在他的官邸热情接待了德国人和传教士,作为回报,这些欧洲人为林迪提

---

① G. C. K. Gwasa katika *A History of Tanzania*, uk. 99.

供了用于对抗斯纳族群的军事援助。暂且先不考虑琳迪与他的民众在此次合作中的获益,我们有必要分析和厘清这次合作的最初动机。

姆特米琳迪的目标是保护和发展本族群的自由,争取扩大领地面积。为了达成这一目标,琳迪必须与卡尔进行合作,保证击败他长期的宿敌基博绍的姆特米斯纳。但是琳迪却没能识破卡尔的真实意图。

身为一位殖民者,卡尔天然地就是所有本土民族的敌人。各个族群的人民原本应该暂时摒弃前嫌,一致合作抵御外敌。但是,当时族群间的合作并没有那么紧密。彼得斯正是利用了这一点,才能在没有付出很大代价的情况下,就顺利征服了非洲当地社会。姆特米获赠的各种武器和礼物实际上是殖民者侵略策略中的一种手段。殖民者知道一旦有了本地首领的帮助,他们的殖民计划将会推进得更顺利。如果遇到某些姆特米使用武力反抗殖民主义的话,那这些姆特米将不会获得欧洲的任何援助。

在签订完"欺诈合同"、缔结完"虚假联盟"之后,1884 年,卡尔·彼得斯应召返回德国柏林。彼时,德国的帝国总理府中正在召开柏林会议。在这次会议上,列强们讨论了侵略非洲的方式,并将非洲大陆瓜分为各个欧洲国家的殖民地。

姆特米签订了"欺诈合同"之后,原本属于本地首领姆特米的土地已经归德国所有,坦桑尼亚大陆成为了德国的殖民地。直到 1918 年之前,这片殖民地一直被称为德属东非,属于德国的一部分。

有一点非常值得注意,召开做出瓜分非洲决定的 1884—1885 年柏林会议非常简单,但是侵略和瓜分非洲的艰难过程却让列强们付出了巨大的代价。一些拒绝接受德国殖民统治的非洲社会与德国殖民者开战。坦桑尼亚大陆潘加尼至鲁伍马河南岸之间沿海地区的人民率先发动起义,点燃了反殖民的战火,1888—1890 年战火蔓延到了内陆的姆普瓦普瓦(Mpwawa)地区。很多学者作家将这些战争称为阿布希里(Abushiri)和布瓦纳·赫里(Bwana Heri)起义。①

事实上,这些反德抗争并不都是阿布希里领导的起义。就像坦桑尼亚大陆其他地区一样,是非洲人民为了争取自由和尊严、反抗帝国主义和殖民主义而发动了这些起义。有一些学者认为,阿布希里作为一个阿拉伯人和一位奴隶贩子,他和其他非洲民族主义者有着本质的不同。

为了更好地理解阿布希里的立场和这次起义的原因,我们有必要简要梳理一下当时阿布希里、桑给巴尔素丹、英国人和德国人之间的关系。当时英国人和桑给巴尔素丹结成了反德同盟,而阿布希里据说是桑给巴尔素丹赛义德·哈里发(Seyidi Kalifa)在沿海地区的代理人。当卡尔·彼得斯发起对坦桑尼亚大陆的殖民侵略时,桑给巴尔素丹才开始声称坦桑大陆所有沿海地区都是他的领地。1885年,双方为此组成了一个协商委员会。

---

① Tazama J. Iliffe katika *Zamani*, uk. 291. Tazama pia T. O. Ranger katika, *History of Tanzania*, uk. 170 ns pia J. Iliffe katika, *Tanganyika Under German Rule*, uk. 13.

1888 年,赛义德·哈里发素丹[1]迫于德国帝国主义势力的威压,不得不将坦桑尼亚大陆沿海 10 英里,即 16 公里宽的海岸控制权交给了德国人。他这一行为极大地触动了所有奴隶贸易参与者的利益,著名的奴隶贩子阿布希里就是其中之一。奴隶贸易的收益是素丹重要的经济支柱,所以在素丹的统治之下,所有奴隶贩子都受到保护。但是德国人是帝国主义者,他们所奉行的资本主义制度与奴隶制、奴隶贸易之间有着不可调和的矛盾。

赛义德·哈里发将控制权出让给德国这一行为严重危及阿布希里和布瓦纳·赫里的经济利益。愤怒的他们别无选择,只能转而号召其他爱国的民众与他们一起揭竿起义,反对德国的殖民统治。因此,首先阿布希里并不是为了保卫危及他自身权益的素丹赛义德·哈里发而战。其次,阿布希里的动机很明显是挽救自己剥削阶级的地位,其他本地爱国民众是为了捍卫自由和权益。阿布希里需要的只是借助群众的力量为自己谋私利。所以,如果我们认同这次起义是阿布希里的起义,那么就意味着其他参与起义的非洲民众也参与了奴隶贩卖并从中受益。

在反对殖民主义的战线中,有革命者的参与,也有反革命者的加入。面对外敌,双方搁置了彼此的利益纠纷,一致将争取政治解放作为共同的斗争目标。在此基础上,尽管这场针对德国帝国主义的起

---

① Z. A. March na G. Kingsnorth *History of East Africa*, CUP (1961), uk. 111.

义是由反革命分子阿布希里领导的；但它称得上是一场真正的民族解放战争。然而，如果当时起义一方取得了胜利，我们没有办法知道从自由果实中受益的会是阿布希里还是人民群众。这一部分的论证我所用篇幅颇多，但却必不可少，因为以往关于这场沿海人民起义的种种解释一直让我们这一代人感到困惑不已。

1890 至 1899 年间，坦桑尼亚各地区不断地进行反对德国殖民主义的武装斗争起义，但其中仅有少数为人所知。信息传播上的错误使民众和历史学家们误认为坦桑尼亚历史上发生的反殖民斗争不过寥寥几次。作为当代的历史学研究者，我们应该承担责任，尽可能多地了解和研究坦桑尼亚各地曾如何对殖民主义做出斗争和抵抗。

这期间尧族人就曾与德国人进行了多次战争。尧族勇士们在英明的姆特米玛奇恩巴（Machemba）的领导之下几乎战无不胜。但出于对征服这片区域的强烈渴望，殖民者为了战胜尧族人，不惜使用各种阴险的手段。

1899 年 6 月，赫尔曼·威斯曼（Hermani Wisimani）给玛奇恩巴传话，要求他前往达累斯萨拉姆，代表他和他的人民向德国帝国主义者投降。玛奇恩巴是一位热爱自己部落和人民的坚强而勇敢的领导人，他用不屈不挠的口吻回复了赫尔曼·威斯曼：

> 我已经收到了你的口信，但是我认为我没有理由服从
> 你的命令。君子宁折不屈。我是族中的姆特米，你是你们

那边的统治者……除非你有能力打败我，将我掳走，否则我不会去见你。①

这些狂傲的民族主义言论着实激怒了威斯曼和其他帝国主义者。因此，1899 年 7 月，德国首任殖民总督威斯曼下令出兵进攻姆特米玛奇恩巴。尧族人并没有被来犯之敌吓退，相反，他们在战场上与殖民军队顽强作战。尧族人最终战败，德国殖民者夺取了他们的自由。玛奇恩巴本人和他的支持者逃亡到了莫桑比克境内。

1891 至 1893 年间，尼亚姆维齐人在乌尼亚尼扬贝（Unyanyembe）地区与德国人进行了多次战争。他们的姆特米伊斯科·姆卡斯瓦（Isike Mkasiwa）号召族人团结一致，共迎外敌。有了这种内部的团结，尼亚姆维齐人在战争中多次取胜。伊斯科·姆卡斯瓦是一位勇敢的姆特米和真正的民族主义者。但是在很多历史学家的著述中，他并没有得到应有的地位。汤姆·普林斯（Tomu Prinsi）中尉对伊斯科和他的人民的勇敢与坚韧进行了很恰当的描述，1899 年 1 月，汤姆率领德军攻打并占领了伊斯科的官邸，他说："无论人们怎么评说伊斯科，他的牺牲都是英勇壮烈的。如果火药再晚爆炸几秒，那被消灭的就是他的敌人了。"②

---

①　J. Iliffe katika *Zamani*，uk. 292.

②　Andrew Roberts katika *Tanzania Before 1900*，Mhariri Andrew Roberts，EAPH，1968，uk. 142.

这里所说的敌人指的是德国人自己。像开枪自杀的姆克瓦瓦一样,伊斯科也是自己引爆火药身亡。他们和他们的英雄同胞玛奇恩巴都在向坦桑尼亚的后世人证明,自由是无价之宝。他们也想用自己的经历为以后的领导人示范,一个优秀的领导人不仅要懂得奉献,更要在面对危险时做好牺牲自己的准备。

另一场著名的反对德国殖民侵略的起义是由伊林加地区的赫赫人发起的。赫赫人起义军由英勇的姆特米姆克瓦瓦·穆尼古姆巴(Mkwawa Munyigumba)领导。这场从 1891 年一直持续到 1898 年的起义不仅在坦桑尼亚国内为人熟知,在世界范围内也十分著名。所以我们有必要多花一些篇幅来体现对这场起义的重视。

与 1871 年以前的德国一样,赫赫人直到 1882 年才建立起一个统一的民族。据悉,在统一之前,赫赫人至少有三十个互相独立的族群分支。

从 1870 年开始,有勇有谋的穆尼古姆巴开始占领各个赫赫人分支的领地,并将其纳入他军事化的管理下。在这一时期,建立一个统一的赫赫族是最为重要的任务。而这项革命性的任务正需要像穆尼古姆巴这样的领导人来完成。英勇无畏、爱国和未雨绸缪是穆尼古姆巴和姆克瓦瓦身上都共有的重要品质。

19 世纪 40 年代恩戈尼人从南非迁移到坦桑尼亚境内。艾利夫(J. Ailifi)等历史学家认为,赫赫人所拥有的团结统一的革命思想正是受到了恩戈尼人的影响。这种说法意味着不论是赫赫族,还是非洲社会,在没有外部影响的情况下,都不具备自我转型、自我发展的可能性。还有一种说法是,姆特米丁吉斯瓦约(Dingiswayo)最早是从南非的欧洲人群体借鉴了"非洲社会联合"的理念,随后的姆特米恰卡·辛赞格科纳(Chaka Senzangakona)将这一理念继续发展了下去。

帕都勒·迈克尔·穆索(Padure Mikaeli Muso)也受到殖民"精神鸦片"的影响,他在《姆克瓦瓦和他的民族》[①]一书中清楚地表明了他对非洲人历史所持的态度。根据一些赫赫族老人的口述,姆克瓦瓦的祖先姆菲韦米(Mufwimi)等人来自北方,他们曾骑着驴子旅行。这些细节给了帕都勒·穆索一个很好的机会来证明他的观点,即姆克瓦瓦的祖先最初来自埃塞俄比亚。换句话说,帕都勒·穆索的论证让我们相信如果赫赫人是土生土长的本地人,那他们不可能有那么强的能力来完成民族的统一。1889 年 6 月,赫克尔(Mikeli)中士砍下了民族英雄姆特米姆克瓦瓦的头颅,并将其送往德国。赫克尔中士对姆克瓦瓦的实力感到非常震惊,有刻板印象的他不相信这位如此有领导才能的战士会是一位纯正的本土非洲人。他认为或许科学研究可以给出答案。如前所述,"精神鸦片"就是为了羞辱非洲人,让他们轻视自己。本土非洲人的发展被认为是外来影响的结果,这样的观点受到了奥梅尔·库帕(Oma-Kupa)的强烈反对。[②]

---

① Michael Musso, *Mkwawa na Kabila lake*, uk. 21 - 24.

② J. M. Omer Cooper, *The Zulu Aftermah*, Longmans,1966, uk. 1 - 8.

事实上,整个19世纪是非洲各个社会经济、思想和政治发生巨大变革的时期。即使恩戈尼人没有移居到东非,团结赫赫族的各个分支、建立统一的酋长国这一想法也终归会出现并得到实施。赫赫人的联合之举在恩戈尼人到来前就已经开始,但是恩戈尼人的到来确实为赫赫人提供了一种新的战术,并且加强了赫赫人内部的团结。

1879年穆尼古姆巴去世后,他的手下姆万巴姆贝(Mwambambe)篡权上位。① 那时老姆特米的儿子姆克瓦瓦年仅23岁。

姆克瓦瓦很快就展现了出色的领导才能,年纪轻轻就有大将风范,并且深受民众爱戴,这也让他成为了姆万巴姆贝最大的竞争对手。在被忠实的部下提醒之后,姆克瓦瓦逃到了农多瓦(Nondwa)暂避风头。1880年,他重返伊林加,与姆万巴姆贝开战。次年,获胜的姆克瓦瓦夺回对赫赫族的领导权。他一鼓作气,抓住扩大统治的绝佳机会,一举征服并统治尼亚姆维齐人、贝纳人、戈戈人和桑古人。姆克瓦瓦的扩张进程直到德国统治时期也没有终止。

德国人意识到赫赫族的强大实力后,开始使用殖民者惯用的侵略阴谋,对姆克瓦瓦和他的人民表示出轻蔑之态。姆克瓦瓦无视赫尔曼想要他前往达累斯萨拉姆共商投降事宜的邀请。出于民族情感,姆克瓦瓦封锁了帝国主义者从巴加莫约到塔波拉地区的商路。为了显示自身的实力与权威,他还派出了自己的代表与德方的军事

---

① Andrew Roberts katika *A History of Tanzania*,uk. 70.

代表进行谈判。然而,赫尔曼的手下在接到埃米尔·泽莱夫斯基(Emili Zeleski)的命令后,将姆克瓦瓦派出的代表杀害。此事一出,姆克瓦瓦勃然大怒,随即命令他的一支部队伏击这支德军。1891 年 8 月 16 日,姆克瓦瓦的军队大败德军,310 名敌军死于卢加洛(Lugalo)地区,其中就包括长官埃米尔。此次行动之后,姆克瓦瓦意识到有必要为自己在卡伦加(Kalenga)的官邸建设军事要塞,而且他也意识到酋长国之间团结御敌的重要性,于是他呼吁查布鲁马(Chaburuma)和伊斯科两位姆特米一起抗击德国人。但是据说由于过去的矛盾,这两位姆特米并未同意与姆克瓦瓦合作。

即便如此,姆克瓦瓦依然决心将德国人的势力从他的领地上连根铲除。1892 年,姆克瓦瓦成功袭击并烧毁了位于基洛萨(Kilosa)的德国军事要塞。然而,姆克瓦瓦部队中的叛徒向敌人泄露了军事计划,并提供了袭击和攻占卡伦加军事要塞的方法。于是,1894 年,赫尔曼的部队在汤姆·普林斯中尉的指挥下经过三天的激战,占领了卡伦加官邸。

姆克瓦瓦的队伍里出现了越来越多的叛徒和间谍,但战争还远没有结束。姆克瓦瓦和他忠实的部下们继续进行游击战争。眼看艰难的战争结束遥遥无期,为获知姆克瓦瓦的藏身之处,德国殖民总督爱德华·利伯特(Eduardi Liberti)悬赏 5 000 卢比。几位出卖姆克瓦瓦的叛徒得到了这笔赏金。1898 年 5 月当藏身于乌祖恩戈瓦(Uzungwa)山区的姆克瓦瓦看到赫克尔中士等德军步步逼近时,他饮弹自尽。人们传说,在自杀之前,姆克瓦瓦开枪先杀死两位随从中的一位。出于前面提到的科研目的,姆克瓦瓦死后,赫克尔中士立即砍下了他的头颅,并将其送往德国。尽管 1919 年凡尔赛会议下令德国将姆克瓦瓦的头颅归还给坦桑尼亚,但德国拒不归还。直到 1955 年,在坦盟的要求之下,姆克瓦瓦的头颅才得以回到坦桑尼亚。

20 世纪五六十年代的政治领导人从赫赫人战争和随后发生的马及马及起义中受益良多。首先,他们认识到在必要时做出改变的重要性。其次,他们还认识到斗争不仅仅是大人物的斗争,更是人民的斗争。而且,进行斗争时领导人与人民群众间的团结至关重要。第三,他们认识到必须警惕队伍中的叛徒和内鬼。因为自私而与外部敌人联手的内鬼在所有的民族解放斗争中都会出现。姆克瓦瓦死后,姆法鲁亨加(Mfaluhenga)、梅莱莱(Merere)等赫赫叛徒行事更加明目张胆,赫赫酋长国被群起而分之。赫赫族昔日的荣光不再,最终沦为德国殖民地。尽管如此,赫赫人始终把被人屈辱统治的这份仇恨铭记于心。

面对殖民主义,玛腾戈地区的人民用不同的方式进行反抗。根据口述历史,姆班巴贝(Mbambabei)地区的玛腾戈人和尼安加人白天进山区躲藏起来,晚上回到村庄拿取食物和其他补给,避免与殖民者发生正面冲突。当德国人白天进村时,发现村子里空无一人。这一度让德国人感到一筹莫展。但德国人最终找到了破解之道:他们放火烧掉了当地人的房舍、农田和粮库。如此野蛮的行径使当地人不得不向德国人投降。

曼达人没有逃进山里，而是充分发挥他们熟悉水性的特长。为了逃过德国人的追捕，他们制作了一种名叫"乌拉鲁"（Ulalu）的筏子，将家眷、牲畜、食物和厨具都放在上面。但这种曾用于抵抗恩戈尼人的方法对抵御德国人并不奏效。曼达人从村庄离开时留下的粮食都被德国人抢走。当曼达人筏子上的粮食储备耗尽时，他们不得不向在岸边扎营等待他们的敌人投降。

这样的逃亡也算得上是反殖民斗争的一部分吗？面对殖民者，所有的人都心怀恐惧。但是怯懦的叛徒却跑去了敌人阵营。他们在恐惧些什么呢？当他们目睹发生在邻国的动乱时，他们深知自己的实力并不足以抵抗德国人的殖民侵略。殖民阴谋昭然若揭，双方实力虽然悬殊，但本地人仍不得不以待客之道迎接德国人。

从大卫·利文斯顿博士以来，这些地区的人民早已接触了从事宗教活动的欧洲人。加之阿拉伯奴隶贩子长期活跃在东非海岸到尼亚萨湖畔之间的区域。当地人既能够区分出欧洲人和亚洲人的不同，也深知这两伙帝国主义者的残暴。因此，他们的逃亡显然也是这一时期反抗德国殖民侵略的重要组成部分。

由于人民的顽强抵抗，德国对坦桑尼亚大陆地区的征服进行了16年还没有完成。然而，包括1905年7月马及马及起义在内的民族解放斗争均以失败告终。导致失败的原因有很多。首先，坦桑人民来自不同的族群和社会，某些社会群体之间曾兵戎相见，缺乏团结的历史基础,因此在面对敌人时很难携手并肩。这种分裂的局势正是殖民者愿意看到的。其次,帝国主义者使用了很多狡猾的计谋对付当地人民。导致人民斗争失败的最主要原因是科学技术的落后。没有科学技术知识,当地军队无法制造出可与敌人军械相匹敌的武器。德国军队装备枪支和坦克,而当地士兵使用自己制造的矛与箭,仅有少数人使用阿拉伯人出售的枪支。

1900 年,德国已经完成了对坦桑尼亚大部分地区的殖民统治。少数地区的"欺诈合同"仍在生效。但需要注意的是,虽然直到 1891 年德国政府才正式接管坦桑尼亚殖民地,由德国皇帝担任殖民总督,但是早在 1887 年,一些地区就已在德国东非公司的统治下成为了德国殖民地。

德国东非公司的管理是暴力的直接统治,而非间接统治。许多殖民国家在其本国和殖民地施行间接统治。这种统治形式只有在阶级制度下才能体现出它的剥削性和压迫性。

德国人没有足够的管理殖民地的经验。所以,他们在占领殖民地之后,立即废除了原本的首领,并选用接受过教育的阿拉伯裔军事长官阿基达(akida)和行政总督利瓦利(liwali)取而代之。在其他地方,特别是在乡村地区,德国人任用本地人作为殖民代理人。这些代理人来自不同地区,其中一部分是殖民初期为德国探险队引路的本地向导。就这样,阿拉伯人被任命为城市的利瓦利总督,非洲人被任命为乡村地区的阿基达官员和琼贝(jumbe)村长。

由于卡尔·彼得斯和德国东非公司的残暴管理，1880 年和 1890 年坦桑尼亚分别爆发了两次动乱。卡尔·彼得斯也因此受到德国政府的问责。1889 年德国政府派遣赫尔曼·威斯曼少校前往东非协助"平息骚乱"。1891 年卡尔的德国东非公司被剥夺了对德属东非的统治权。此后由总督统领殖民当局，德意志帝国主义政府派遣代表在总督的领导之下管理行政事务。

自 1898 年成功征服坦桑尼亚大陆之后，德国的殖民行政机构越发完善。殖民政府的首脑是军人出身的总督。1902 年，专为总督提供咨询的常务委员会设立。但是德国殖民政府依然面临着很多问题。首先，他们面临着财政问题。其次，急缺知识完备、经验丰富的殖民官员。相较于广袤的领土，现有的行政中心数量过少。而且，由于德国人不与本地领导人合作，现有的行政中心也只能算得上是军事要塞，不具备真正的行政功能。正因如此，德国的殖民统治才被称为军事统治，或者用笔者的话来讲，可称为武力统治。同样重要的是，要知道这些殖民官员中的大多数都是曾任职于卡尔·彼得斯德国东非公司的人，而卡尔·彼得斯本人是总督的首席顾问之一。

确立殖民统治之后的下一步是推进实现经济目标。德国殖民者不顾人民的强烈反对，强迫沿海和南部地区的居民以及苏库马人种植棉花。德国人不考虑委婉劝说，而是直接鞭打拒不服从的首领和平民。目睹自己的首领遭受鞭打，这对当地人来说是极大的羞辱。

在西湖省，咖啡的种植有较长的历史，并且在封建制度下受到大力推崇。咖啡在这里不是一种经济作物,而是当地首领热情友好和威望的象征。1890 年以后,殖民者和传教士,在阿鲁沙、乞力马扎罗山和坦噶地区引进了阿拉比卡(Arabika)咖啡作物。这三地使用的种植方式与其他地区有所不同。大部分最好的土地归欧洲移民。本地人只能争夺剩下的小块儿农田。而移民开设的种植园周边的民众被强迫前往种植园劳动。为保证种植园里的用工稳定,其他地区还被禁止种植咖啡。

为了运输这些重要的经济作物,殖民者开始着手修建铁路。第一条铁路修建于 1891 至 1895 年,起于坦噶,终于蒙博(Mombo)。该铁路于 1911 年修建至梅鲁(Meru)。[①] 第二条铁路是连接达累斯萨拉姆和莫罗戈罗地区的中央铁路,它于 1891 年开始修建,1912 年修至基戈马。从塔波拉到姆万扎的铁路是后来由英国人主持修建的,1928 年竣工。当时德国人还想修建一条从基尔瓦到利瓦莱(Liwale)的铁路。如果这条铁路能够建成,它就能连接从林迪(Lindi)、姆特瓦拉、鲁伍马、伊林加(Iringa)到姆贝亚(Mbeya)的所有南部地区。这些铁路的建设能够带动采矿业和农业的发展,而所获利益则全部落入殖民者之手。

修建铁路耗资靡费,德国殖民者没有资金雇佣工人,于是就派阿基达和琼贝去各地为铁路工程征集劳工。还有一些本地人被强行带

---

① J. Ilife katika *Zamani*, uk. 294.

到白人移民、阿基达和琼贝的种植园里服劳役。因为当地人在殖民者的种植园里工作，既得不到报酬，又浪费了本该在自家农田上劳作的时间，他们开始面临着逐渐加深的贫穷和饥饿。有些人开始意识到自己正在被剥削这个事实。

1897 年，德国殖民当局开始征收家庭税。每个家庭都必须向德国殖民者缴纳税款，而税款必须用货币"卢比"缴纳。家庭税的征收并不是为了填补德国殖民政府财政上的空缺，相反，殖民政府是在以货币形式向当地人施压，强迫贫困人民背井离乡，为换取"卢比"到公共工程和白人移民的项目中工作。在此期间，这些人失去了自由，像犯人一样被对待。殖民当局还会以征税之名，强行没收家庭私有财产。殖民者对当地家庭的成员也极尽野蛮，有些家庭的主事之人甚至在试图自卫时丧生。

德国的统治非常残暴。不论罪行大小，每个罪行的惩罚都是接受 25 次鞭打。这种惩罚被称为"哈姆塞西里"（hamsaishiri），也就是二十五鞭刑。在德国殖民体系下，每个行政中心就是一所监狱，行政中心的负责人身兼数职，既是法官，也是军警部队的长官。

从某种程度上说，每一个欧洲人都是一个当权者。种植园里的白人移民，村庄里的传教士，以及任何手握权力的人都可以对非洲人进行审判和惩罚。虽然阿基达和琼贝也常常剥削平民，但是作为非洲人，他们本人也会受到二十五鞭刑的惩戒。压迫、酷刑、前所未有的剥削、歧视和侮辱，凡此种种，都加速了人民发动反对德国殖民主义的解放战争。在此背景之下，1905 至 1907 年马及马及起义爆发了。多年以来，一些历史学家声称这场斗争是一场叛乱，但事实并非如此。如前所述，殖民统治是通过武力强加于殖民地的。尽管人民对此强烈反对，但由于已经解释过的原因，人民的反抗战争以失败告终。但是他们的失败并不意味着接受外国的统治，也不意味着这种统治从此就是合法的存在。殖民统治始终是压迫性的，也是非法的。

尽管反殖民的斗争失败了，但争取独立的想法却并没有随之消亡。整个殖民时期，非洲人民始终在思索如何推翻和铲除本国乃至整个非洲的殖民主义。金吉基蒂莱（Kinjikitile）提出并传播的圣水概念成为解决方案之一。他所谓的圣水崇拜并非毫无逻辑，他宣扬喝了这种特殊的水之后就不会被德军的子弹所伤。虽然金吉基蒂莱本人不是姆特米酋长出身，但他是一位痛恨外国统治和剥削的革命者。当看到身边的同伴纷纷拿起武器准备与德军战斗时，他意识到自己也应该作出些许贡献。于是他就与同胞们一起协商，最终发明了圣水这一概念。事实证明，圣水崇拜在团结坦桑尼亚大陆各地人民方面发挥了巨大的作用，而人民的团结也对金吉基蒂莱思想的发展和传播至关重要。根据他的设想，所有的坦桑尼亚人都应该团结起来。"我们大家都是非洲人"意味着"我们都是非洲主义的拥护者"。非洲主义的思想不是歧视的思想，而是充满革命性的思想。在世界各地的非洲人，不论是在非洲还是在海外，他们或被卖为奴隶，或正受到不公统治、羞辱和歧视。因此，为了实现真正的自我解放，重新获得自由和尊严，在非洲主义的基础上进行团结是非常重要的。但是，当非洲大陆恢复自由，非洲主义就不再重要。相反，届时，民族团结才是保卫自由，开展经济、政治、文化革命所必需的。

鉴于以往的经验和教训，这次的行动需要统一的指挥，而金吉基蒂莱是最合适的人选。他的追随者充满爱国精神和革命决心，并且随时准备为了非洲人民的解放事业献出自己的生命。忠实的追随者们尽己所能传播圣水崇拜。在这次起义中，金吉基蒂莱是不可或缺的"领导核心"。各地区的首领也接受他的理念，并且加入到斗争行列中。如果他们拒绝参与到人民斗争中，就将遭到民众的抵制。殖民者认识到"领导核心"是一个巨大的威胁。于是，为了顺利击溃马及马及起义军，早在战火蔓延至马通比（Umatumbi）酋长国之前，从围剿姆克瓦瓦中学到了经验的德国人就着手追捕金吉基蒂莱，他随后被德军逮捕并处死。

毋庸置疑，坦桑尼亚人民早已决心彻底推翻不平等的殖民统治。首先，正如金吉基蒂莱的追随者所宣传的那样，人民已经表明了他们的斗争目标。其次，起义者为这次起义做了充足的准备。尽管起义没有完全按照预定计划中的日期发展，但在备战期间他们制订了正式的作战计划。起义的演习在恩加兰贝（Ngarambe）进行。起义爆发后迅速向周边发展。关于战备物资、火药等军械和物资的补给问题受到广泛讨论。关于甄别叛徒和防范内鬼的问题也得到了充分的重视。由此可见，这场起义的爆发并非偶然，而是为了实现既定目标而产生的必然。

除了将人民团结在解放运动当中，圣水崇拜还成为了起义者独特的信念。特别是在起义的早期，在面对敌人精良的武器装备时，这种信念有助于消除人民的恐惧。但是，如果我们认为人民是因为相信圣水的力量才继续坚持战斗的，那就等于承认了人民的无知。某些历史学家就持这样的观点，他们认为起义军的失败是因为人民没有依靠知识和技术，反而盲目地依靠圣水的力量。

在目睹了数千人的牺牲后，坦桑尼亚人民提出了能将子弹化成圣水的概念。这里的圣水已经是一种自由的意识形态，其首要目标就是建立起人民的团结。

马及马及起义最先是由基尔瓦地区的马通比人发起的。从1905年8月到1907年，起义几乎蔓延到今坦赞铁路以南的所有地区。大约三分之一的坦桑尼亚人参与了起义，也有大约三分之一的起义民众在起义中丧生。

除了恩戈尼地区人民在没有准备的情况下与殖民者交战，马及马及起义军在很多地区都取得了阶段性的胜利。随后，德国军队因为获得德国和英国的军事援助而实力大增。英国从苏丹和南非等地调集了努比亚人、祖鲁人等雇佣兵。此外，德国人还从未卷入战争的地区招募了坦桑尼亚士兵。非洲人在不知情的情况下被帝国主义利用，替他们实现殖民、暴政和剥削的目标。

需要注意的是，从人数上看，殖民者队伍中的欧洲人很少。替他们作战的士兵都是本土非洲人。因为我们的落后，欧洲帝国主义者从始至终都将我们作为发展殖民主义和帝国主义的工具。我们必须要吸取这个教训。

经过两年多的奋战，起义军最终失败。大约有 12 万人民丧生，这一数字是敌方的两倍多。他们中很多人死于饥饿和疾病，而饥荒正是德国帝国主义的野蛮行径造成的。当德国人深受起义所困时，他们放火焚烧当地人的田地、粮库、房屋和森林。很多人因此而丧命，死亡带来各种疾病，疾病又引起新的死亡。由于粮库被烧，缺乏种子，本地人在此后几年里都没能解决饥荒的问题。起义之后，本地人的经济凋敝，社会制度尽毁，但他们还是被纳入了资本主义世界体系。

究竟是什么原因导致了起义军的失败呢？简单来说，首先，在金吉基蒂莱死后，起义军缺乏"核心领导"。其次，起义军以民族为单位，不能协同作战。这为德国提供了逐个击破的机会。第三个原因是缺乏粮食和武器装备。由于技术落后，很难得到火药等武器。与殖民者的武器相比，起义军的武器显得不堪一击。

这场起义之后，坦桑尼亚大陆南部地区的人口数量锐减。人口的不足严重影响了南部地区的发展。基尔瓦—利瓦莱铁路修建等殖民政府项目因此被放弃。很多战俘像囚犯一样被带到其他地区，在政府和白人移民的工地上干活。除此以外，起义之后殖民压迫愈发残酷和不公，特别是针对参与起义的地区。因为政府强迫南部居民离开原籍为政府项目工作，南部社会形成了对殖民经济的依赖。许多人离开家乡，去远方寻一份工作。很多人命丧他乡，也有一些人幸运地在暮年时得以返回家乡。但这些人年老体弱，没有劳动能力，只能等待死亡。

从政治的角度讲，马及马及起义展现了坦桑尼亚人争取民族解放的决心。它也为自 1880 年以来我们的先辈所追求的自由奠定了良好的基础。起义被镇压之后，南部居民不再使用武器与殖民者斗争，抗击德国殖民者的斗争启发了坦桑尼亚人关于民族独立、教育和用法律途径争取权益的思想和理念。起义结束之后的这段时期，坦桑尼亚的政治和经济局势都相对稳定。1914 至 1918 年世界大战之后，英国人将德国人从这片土地上驱逐了出去。

第六章
英国殖民统治

一、 作为托管地的坦桑尼亚大陆

为夺取非洲殖民地,德国占领了坦桑尼亚大陆地区。1884 年的柏林会议将欧洲帝国主义者对非洲的侵略合法化。从此,非洲沦为被欧洲帝国主义列强瓜分的殖民地。

但瓜分非洲并未完全解决欧洲列强之间的竞争问题。老牌帝国主义国家千方百计地压迫和剥削正在发展中的国家。德国在非洲的殖民地被其他欧洲列强虎视眈眈地盯着,这是因为德国才刚刚跻身帝国主义国家之列,资历尚浅,势力尚弱。

姑且不论是谁挑起了 1914 至 1918 年第一次世界大战的战火,事实是老牌帝国主义国家联手在这次战争中对抗德国人。1918 年德国战败。1919 年 1 月,老牌帝国主义国家很快在法国巴黎的凡尔赛召开了所谓的"和平会议"。①

德国战败以后,为了重新划分在非洲的势力范围,列强决定瓜分德国在非洲和其他大洲的所有殖民地。当时的坦桑尼亚大陆被分为

---

① *Chambers Encyclopedia*,Vol. 2 uk. 96.

两部分,布隆迪和卢旺达由比利时委任统治,今坦桑尼亚大陆地区自
1920 年 1 月 10 日成为"英属坦噶尼喀"①,一直到 1961 年 12 月 9 日,
坦桑尼亚大陆地区才结束英国的殖民统治,获得独立。

在开始讨论英国对坦桑尼亚大陆的统治之前,我们有必要先对
1914 至 1918 年的世界大战进行分析。毫无疑问,这次战争是欧洲老
牌帝国主义国家与德国进行的利益之战。

在第一次世界大战中,坦桑尼亚大陆等非洲地区都是重要的战
场。许多当地人被强征入伍,代表欧洲各国参战。战争导致经济下
滑,很多人因为伤病和饥荒丧生,人口数量也大大减少。第一次世界
大战结束了德国在坦桑尼亚大陆的殖民统治,随后各列强占领了坦
桑尼亚大陆,并将其置于国际联盟的委任托管之下。关于殖民时期
委任托管的情况将在下文讨论。然而,值得注意的是,从德国殖民主
义到英国殖民主义的转变导致了更严重的剥削和压迫。

1918 至 1922 年,坦桑尼亚大陆处于赫拉斯·拜厄特(Horesi
Bayati)的军事统治之下。② 1920 至 1924 年,拜厄特被任命为坦噶尼
喀首位总督。1926 年以前,坦噶尼喀的行政系统都与德国殖民时期
相同,政治和经济制度完整地继承了德国模式。服务于殖民当局的
文职人员很少,其中大部分是曾参加过第一次世界大战的军人,也包

---

① J. C. Taylor, *The Political Development of Tanganyika*, London, OUP, 1963, uk.
24.

② Taylor, *The Political Development of Tanganyika*, OUP, 1963, uk. 43.

括一些布尔人(Kikaburu)。

德国人留下的少数行政中心得到保留,从前德国政权中的压迫和暴政仍在继续。对于平民而言,很难感受到从德国统治到英国统治这中间发生了什么变化。联合国的前身国际联盟提出的大部分要求并未被落实。

1920 年 7 月,英国议会决定以法令的形式取消军事统治,代之以文官政治。[1] 但这并不是为了推广人民自治,而是为了便于英国人在殖民地参与政府管理。这次改革撤销了赫拉斯作为军事指挥官的领导地位,并重新任命他为殖民地总督。但这项人事变动对被统治的人民来说没有什么意义。1920 年 8 月,英国议会的另一项法律批准在坦噶尼喀设立常务委员会,其主要职能是为总督提供有关经济和政治方面的咨询和建议。委员会由四名分管不同领域的代表组成。但是总督作为英国国王的代表,在很多问题上享有极大的自主权。除非与英国国王和政府的政策相悖,否则所有决定均以总督的最终意见为准。

坦桑尼亚大陆地区的第二任英国总督是唐纳德·卡梅伦(Donaldi Kameruni)。在这一时期所有有关坦桑尼亚政治史的文献中,他都备受赞誉。1925 年,卡梅伦抵达坦桑尼亚。在此之前,他曾在英国尼日利亚殖民地就职。就任总督之后,他放弃德国的强权行

---

[1]　Kama hapo juu, uk. 38.

政路线,立刻着手在坦桑尼亚开展"间接统治"①的政治改革,并提议在殖民政府内部设立人民管理委员会和立法委员会。在他的建议下,1926年3月立法委员会成立,同年12月召开第一次代表大会。1923年,殖民政府通过了一项法律,开展"人民统治"②。但除了孔多阿和苏库马两地外,该法律并未在其他地区实施。本地人还继续沿用德国人留下的利瓦利、阿基达和琼贝管理体系。虽然曾是维持和发展强权殖民统治的最佳人选,但他们并非姆特米出身,所以他们的统治并不能使全体人民信服。为了避免潜在矛盾的爆发,英国殖民政府特派专人调查姆特米酋长出身或受本地人爱戴的领导人选。因此,部分传统族群首领逐渐重回统治地位。在一些没有合适人选的地区,殖民政府就保留了原来的利瓦利、阿基达和琼贝,同时也任命部分承认殖民统治的人为地区长官。

在新的行政体系中,传统的领导人不再使用姆特米酋长之名,而被称为长官(chifu)。从前,姆特米酋长是由长老大会选出,并由长老代表全体人民任命。通过这种方式,酋长必须对他们统治地区的人民负责,保卫集体的权利、财产、荣誉、尊严和独立自由。此外,姆特米酋长们还需要确保集体的财产安全和综合发展。他们不像殖民者那样征税,但是人民会自愿地给他们送去粮食等礼物,或者按照传统

---

① Kama hapo juu, uk. 43 na 55.

② Kama hapo juu, uk. 44.

习俗为他们提供各种服务。另有一种叫作马西罗实物税的传统服务，但它是存在于封建制社会中的剥削手段，与我们此处所说的自愿服务有所不同。

新的行政体系实施后，为了更好地实行间接统治政策，以行政区为单位，殖民政府在每个人民管理委员会都设立了金库。本土长官们可以从金库中领取薪水。殖民者非常注重他们的教育水平。根据其本人的教育水平，也根据所管理的地区的大小和经济状况，每个地区的长官的职级和薪水都不同。根据此标准，同一地区的不同长官在薪资方面也会有差异。

很多本土长官实际上都是英国殖民政府在本地统治的傀儡。他们为了自己的薪水，把盘剥贫苦人民的血汗钱以充作金库里的税款作为主要职责。但是这些税款却并不用于惠及人民。人民管理委员会用税款运营少量的官办学校，但是学校却仅接受本土长官、琼贝村长、税务员、种植园主和邮递员，以及本地家庭较富裕的孩子入学。

本土长官的另一项重要工作是为欧洲种植园主和资本家寻找劳动力。为了能够顺利压迫、统治和剥削当地社会，欧洲人认为了解本地的风俗习惯非常重要，所以这些本土长官还要负责向欧洲人普及和讲授有关知识。

本土长官在行政、立法、司法、除死刑以外的量刑等领域掌握着巨大的决定权。他们的权力比从前大多数姆特米酋长的权力都要大。巨大的权力助长了自私自利的办事作风，许多本土长官渐渐剥削成性,靠人民的血汗发家致富。人民辛苦挣得的财富被强行没收,处于剥削和压迫之下的人民苦不堪言。

作为领导者,这些人没有受到尊敬和爱戴,而是被看作高高在上令人畏惧的半个上帝。凡是他们看中的东西,上到工具设备,下到牲畜粮食,甚至年轻的女孩,他们甚至都不用说话,手指指到什么,这东西马上就归他们所有。因为没有影响到殖民统治,所以得知此事的英国殖民当局也没有过多干预。

间接统治是英国巩固和维持殖民秩序的高明手段,殖民者希望人民永远都不要参透其中的玄机。首先,通过教育改造本土精英阶层的孩子,殖民者相信他们能够继续维护原有统治。即使有爱国革命人士出现,但由于本土精英阶层既手握权力,又接受过教育,这些革命者也无法与他们抗衡。其次,由于在间接统治体系中,殖民者并没有直接对人民进行压迫,所以他们预期人民会将所有的矛盾冲突都归咎于"人民管理委员会"。但后来的事实表明,这是一个巨大的误判。最后,同样重要的是,间接统治的目的就是从内部分裂人民,将本该团结一致的人民分为两个充满敌意的群体。全世界的殖民者都深知且十分警惕,殖民地人民的政治、经济、思想和军事一旦团结起来,其力量足以推翻殖民统治。所有欧洲语言中都有"分而治之"这个表达,这本身就是一项有力的证明。所以,对于殖民地人民而言,这并不是一个比德国强权统治更好的制度。英国殖民者从间接统治中获利良多,这使英国人比德国人更轻松地维护殖民统治,同时更彻底地进行剥削压迫。

二、 间接统治中的传教士

本章节所讨论的传教士是指所有来到坦桑尼亚传播外来宗教的人，他们当中最著名的是来自欧洲的基督教传教士。

很多历史学家都没有意识到传教士在间接统治制度中也发挥了重要作用。本土长官在本地社区里实行间接统治，但实际上传教士所拥有的行政影响力比本土长官更大。传教士掌握的权力也比本土长官更大，在很多地方，欧洲传教士也是地区行政长官的代理人。

过去出现过本土长官因为传教士的意见被革职或入狱的情况，但却没有发生过传教士因本土长官的意见而受到影响的案例。这是因为这两方在出身上、思想上、教育上、经济上、文化上，特别是在政治上都是不同的。传教士是帝国主义的一部分，而本土长官是受帝国主义任命、为帝国主义实施殖民统治的工具。

宗教机构是殖民政府实施政策和实现其他各种目标的重要工具。基督教派在英属坦噶尼喀引入了"现代教育"。教会的学校都开设在已经有传教基础的地区，往往毗邻本土长官或村长的住所。学校的主要教学目标是让基督徒掌握读、写、算的能力，教学难度不大，实用性也不高。

传教士所提供的这种教育主要是为了培养能够阅读和背诵福音

书和《圣经》的信众。除此之外，传教士也需要部分学生协助他们办公，例如从事文员、仓库管理、看管商店、教会教师的工作。

教会教师的职责是组织祷告，维持教堂秩序，以及前往传教士不敢涉足的地区发展信众。有些教会教师在政府机关和公司里兼任初级文员和打字员的工作，还有一些人在政府就职，从事农民、邮递员、向导、屠夫、初级护士和助产士、军人、警察、狱监等职业。

教育也是控制本地社会群体的精神、思想和力量的工具。一般而言，教会学校仅接收本教派信众的孩子入学。其他教派信众的孩子在特殊情况下也可就读，但是他们必须承诺改信基督教。这项入学条件到坦桑尼亚独立之前都还在执行。

总的来说，殖民体系中的教育是制造歧视和分裂的工具。接受过教育的本土非洲人逐渐脱离了其他没有教育机会的同胞。两个群体间的隔阂与对立非常严重。有文化的人大多在城市中找到了工作。他们在思想上逐渐生出了优越感，自认为比农民和工人高出一等。尽管他们中的个别人已经萌发了民族解放思想，但是整个知识分子群体已经在思想和实践上和本地权威阶层共同沦为了殖民者的附庸。

殖民教育还强化了种族歧视和精神控制。非洲、亚洲和欧洲的孩子分别有各自的学校，由于教育目标不同，学校间的教学大纲和教学内容差异很大。作为统治阶级，欧洲学生所接受的教育注重如何统治、压迫和剥削非洲本地人。这种教育从思想上引导学生形成优越感，使其相信自己优于非洲人和亚洲人。欧洲学生还学习如何从思想上征服以印度人为首的亚洲人，如何将这些人变为实现欧洲人经济目标的工具。贸易、小工厂、机关和公司的中级职员等工作领域都留给了印度人。从这一点可以看出，亚洲教育非常注重如何榨取非洲人的经济价值。欧洲人也愿意看到亚洲人对非洲人进行剥削。为表支持，他们为亚洲人提供了比非洲人更好的生活条件，为亚洲人规划了远离非洲人的居住地点。

除了延迟底层人民的政治觉醒，针对非洲学生的教育还有其他意图。首先，殖民学校的目的之一是扼杀非洲的文化和技术进步的可能性。殖民教育制度在思想上麻痹非洲人，使他们忘记原来自己拥有创造财富和制造各种生产工具的能力。殖民教育让非洲学生完全失去自信，让他们相信统治是欧洲人与生俱来的权利，剥削和敛财是印度人的特权，被统治是非洲人理所应当的宿命。其次，殖民教育滋生了非洲人崇洋媚外的心态，使他们认为欧洲和亚洲的东西都是好的，值得借鉴或应被全盘接受。非洲人轻视自己本地的传统、习俗和生活方式，转而去美化和发展外来的一切事物。

基督教的传教士在提供医疗服务方面也十分积极。他们修建并经营了一些医院和小诊所，但他们提供的医疗服务却是具有歧视性的。欧洲人和亚洲人单独就诊，能享受更好的就诊环境和医疗服务。本教派的信众可以来院就诊。其他教派的人在承诺改宗入教的情况下也可以得到治疗。然而，非洲病人的病房则是一些几乎无法住人的棚屋。

种族歧视是资本主义和帝国主义共同铸就的恶果。殖民者和基督教传教士都充满种族歧视，但这并不是巧合，而是帝国主义的官方政策。因为肤色问题，非洲人在服务场所一直被区别对待。

法院和监狱不再是维护社会正义、规范人民行为的场所，反而成为压迫非洲人的工具。法院的法官和律师满嘴谎言，法院俨然已经变为培养强盗、劫匪和流氓的机构。简言之，殖民体系中的法院是压榨人民的工具。

在经济方面，英国殖民者并未做出重大改革，也并不注重基础设施建设。他们继续发展白人移民的种植园农业，继续引进移民劳工。1962年，东非公司以亏损过大为由，拆除了从姆特瓦拉至纳钦圭阿（Nachingwea）的铁路。此外，英国统治期间没有修建其他的新铁路。

殖民者在肯尼亚等少数殖民地修建了工厂，这让部分欧洲人误以为他们将在殖民地度过余生。如果说有什么称得上经济改革的举措，那就是在第二次世界大战之后，英国人让士兵来管理这些亏损的项目。这些项目被称为殖民地发展公司（C. D. C）和海外粮食公司（O. F. C），也就是为英国供应食品的公司。欧洲人在孔格瓦（Kongwa）、乌兰博（Urambo）和纳钦圭阿等地种植花生。他们在鲁伍马的姆布尤拉（Mbuyula）开采煤炭，但矿坑仅运营了两三年就被废弃。他们还在恩琼贝地区种植姆林戈（milingo）树，其树皮用于皮革厂的生产。这些并不成功的工厂项目不仅造成了巨大的经济损失，还给因修建工厂而被迫搬迁至干旱地区的人民造成很多困扰。

三、 坦盟成立之前人民对英国殖民者的反抗

两次世界大战之间的坦桑尼亚殖民地的历史错综复杂。为了获得更中肯和确切的解读，这一时期的历史值得进行深入的研究。一些殖民历史学家将其描述为"一段自我发展和自我分化的时期"[1]。这种说法有一定的道理。因为这一时期，人民从未停止过反殖民斗争，他们因时而变，及时根据殖民政策的变化调整自己的斗争方法。

在加强殖民经济统治的时期，殖民者不允许政党的发展。因为一旦允许政党活动，就意味着他们面对的将是被连根拔起和殖民地的解放。显然殖民者不会犯这样的错误。

然而，有些事情的发展并非殖民者可以阻止的。根据专家委员菲利普·斯托克斯（Felipo Stoki）的提议，"筛选教育"和种族歧视理念被应用到殖民教育体系中。它一方面如精神鸦片一般，腐化改造人民的精神，另一方面又在为殖民统治培养新的低级职员。[2]

殖民者深知教育是人类进步的坚实基础。教育为有天赋之人带来更大的发展。接受过教育的人民和知识分子能够看到殖民者给当地社会施加的种种不公。他们还研究了殖民者统治和发展殖民地所用的方法策略以及各种阴谋诡计。因此，尽管知识分子们受到殖民

---

[1] J. Iliffe, *Tanganyika Under German Rule*, OUP (1969), uk. 166 - 200.

[2] Keneth James King, *Pan - Africanism and Education in East Africa*, OUP.

教育的思想影响，但依旧为争取自由与殖民主义作斗争。

　　1920 至 1950 年，本土民族知识分子创建了一些农民协会。这些协会主要集中在大量种植经济作物的地区，包括 1924 年创建的布科巴-巴哈亚联合会（Bukoba Bahaya Union），1925 年创建的乞力马扎罗本地种植者协会（Kilimanjaro Native Planters Association），1930 年创建的梅鲁人联合会和苏库马联合会（Meru Citizens Union，Sukuma Union），1934 年创建的卢古鲁非洲棉花种植者协会（African Cotton Planters Association），1937 年创建的尼亚库萨联合会（Nyakyusa Union），1937 年创建的巴哈亚农民协会（Bahaya Farmers Association）和 1949 年创建的帕雷联合会（Pare Union）等。

　　知识分子们还成立了商人协会。来自乌干达的埃里卡·菲亚（Erika Fia）长期投身于捍卫和争取人民权利的斗争。他不仅是《故土》（Kwetu）杂志的创刊人，还于 1934 年成立了非洲商业协会（African Commercial Association）。第二次世界大战期间，为与亚洲商人竞争，阿卜杜·赛克斯（Abdu Saiki）和阿里·赛克斯的父亲克莱斯特·普兰特安·赛克斯（Klesti Plantani Saiki）在达累斯萨拉姆创办了非洲零售商协会（African Retail Traders Association）。

　　工人阶级也不甘落后。马丁·卡扬巴（Martini Kayamba）于 1922 年 3 月 24 日在坦噶创建了坦噶尼喀殖民地非洲公务员协会（TTACSA），后于 1924 年在达累斯萨拉姆开设分会。厨师和洗衣工们也在 1939 年创办了自己的协会——厨师和洗衣工协会（Association of

Cooks and Washermen)。1937 年码头工人联合会(Dockworkers Union)成立,又称非洲劳工联盟(African Labour Union),第二次世界大战后由阿卜杜·赛克斯担任书记一职。成立于 20 世纪 20 年代的铁路工人联合会(Railway Workers Union)也是一个很受欢迎的协会。

在宗教机构中,也有一批人在为非洲宗教领袖的权利和福祉而奋斗。在鲁伍马的佩拉米霍天主教堂(Peramiho)中,非洲神父不能和欧洲传教士同桌吃饭,也不能和欧洲传教士吃相同的食物。面对这样的种族歧视,神父杰维斯·恩塔拉(Gervasi Ntara)提出严正抗议。当时人们都将他的抗议视为离经叛道之举。见诉求得不到回应,恩塔拉神父愤而出走,在非洲各地流浪。时至今日,回到祖国的恩塔拉并不认为他当年的举动有任何出格之处。他为争取权益所作出的贡献应该得到当今历史学研究和历史学家的重视。在其他地区,非洲裔的宗教领袖们也在进行着各种反对欧洲传教士种族歧视和压迫的努力。

在桑给巴尔基温加尼(Kiungani)的圣公会神学院里,韦斯顿(Westoni)听到学生们如此抱怨:"大家都在抱怨传教士像对待奴隶一样对待我们,教会不能再这样发展下去了。特别是当看到大陆的同胞无论是否冒犯过德国人,都被传教士出卖并受罚之后,大家感到非常痛心。"①

---

① J. Iliffe, *Tanganyika Under German Rule*, uk. 207.

社会上的各种协会和组织在坦桑尼亚民族解放进程中发挥了重要作用。但是殖民者并没有意识到它们的重要性。殖民者认为这些协会不过是像小孩子过家家一样的娱乐组织,无法在社会上掀起波澜。

组建政党让本地人民也能了解到殖民主义者的施政方针和统治策略。这以后,人民就能在不被殖民者察觉的情况下,制定新的争取独立的斗争方法。争取平等的权利和利益是这些政党共同的奋斗目标。虽然各政党之间没有对未来局势和斗争方式进行协商讨论,但是他们能够在民族解放斗争中从敌人身上汲取经验。

英国的主要殖民策略是"分而治之"。人民被分为若干相互敌对的群体,彼此间待遇不同,但都受到英国人的歧视。为了从根本上消除歧视,农民、工人、商人和公务员的协会共同行动。无论宗教背景、教育程度,也无论出身贫富或地位高低,他们广泛团结人民力量。但是由于殖民主义对当地人长期的思想改造和渗透,想要彻底铲除种族歧视非常困难。

我们已经详细讨论过的农民、商人、工人和公务员的协会有一些不足之处。尽管在协会的制度和章程层面,所有非洲人都可以加入协会,但是在实践中,这些协会还是没能放弃职业的准入门槛。人民意识到,此时的坦桑尼亚人需要一个能够接纳所有国民的强大政党。

(一) 坦噶尼喀非洲人协会

1927 年 10 月,政府公务员和商人共同在达累斯萨拉姆组建了坦噶尼喀非洲人协会(TAA)的前身非洲人协会(AA)。① 首任主席由塞西尔·马托拉(Sesili Matola)担任。该协会的主要分会设在达累斯萨拉姆、多多马和桑给巴尔。② 1948年,坦桑尼亚大陆的非洲人协会与桑给巴尔的非洲人协会分离,并更名为坦噶尼喀非洲人协会。时任多多马分会领导人的阿里·蓬达(Ali Ponda)担任首任主席。此后,坦盟和非洲—设拉子党两党,分别于1954年和1957年成立。

从章程上看,坦噶尼喀非洲人协会是一个较为松散的协会,以为成员争取权益最大化,反对殖民统治为宗旨。成员被禁止讨论宗教和政治相关问题。③ 这项规定究竟是坦噶尼喀非洲人协会自己制定的发展策略,还是殖民政府为了防止人民政治觉醒而做出的决定,我们不得而知。

事实上,坦噶尼喀非洲人协会在政治舞台上非常活跃,积极参与政治活动。坦噶尼喀非洲人协会的政策是带有妥协性和迂回性的,在当时的情况下,坦噶尼喀非洲人协会的领导人除了这样曲线救国之外别无他法。坦噶尼喀非洲人协会可以通过召开群众集会,与殖

---

① Barua ya Gavana Donald Cameron kwa Waziri wa Makoloni, London, kumb. Na. 1160/134 ya 22/8/1930. Pia barua ya Gavana W. D. Battershill kwa Waziri wa Makoloni, kumb. Na. 172 ya 15/11/1945.

② Sahihi ya barua ya TAA ya 25/7/30 kwa *Chief Secretary* (Katibu Nkuu).

③ Soma uk. 1 wa *Katiba ya TAA* ya Mkoa wa Kaskazini (Kilimajaro) ya mwaka 1952, na barua kwa *Chief Secretary* ya 28/5/1945 iliyowekwa sahihi na Joseph Kimalando, Katibu wa TAA wa Mkoa huo.

民官员通信的方式来参与政治。[①]

坦噶尼喀非洲人协会强烈反对英国政府在 1930 年和 1946 年提出的将东非国家联合起来的决定。尽管在一些具体问题上坦噶尼喀非洲人协会与肯尼亚代表团有意见分歧,但在 1946 年 1 月 18 日于达累斯萨拉姆召开的大会上,双方在大部分问题上的观点都达成了一致。双方一致反对在实现国家独立前就建立东非国家联盟这一决议。[②]

20 世纪四五十年代,坦噶尼喀非洲人协会在几乎所有城市都设有分会。其政治力量得到工会、商会以及农民协会的认可和信赖。例如,1939 年,厨师与家庭佣人协会要求坦噶尼喀非洲人协会为他们争取更高的工资。该协会表示,"因为所有的本地人都接受坦噶尼喀非洲人协会的领导,坦噶尼喀非洲人协会也为所有人争取权利,所以大家的投诉都要经过坦噶尼喀非洲人协会处理……坦噶尼喀非洲人协会是唯一能够向殖民政府转达人民诉求的协会"。1944 年 10 月 14 日,非洲司机协会(African Drivers Association)成立。坦噶尼喀非洲人协会多多马分会的一位主要负责人担任成立仪式的主持人,他强调:"每个想要加入司机协会的成员都不要忘记,他也应该加入我

---

① Barua ya TAA Na. 11601 ya 13/10/1930 kwa Gavana, Donald Cameron, Hupatikana katika Nyaraka za Taifa Dar es Salaam.

② Kumbukumbu za Mkutano wa Taa wa April 1946 juu ya Mswada Na. 191 wa Serikali ya kikoloni kuhusu kuunda Shirikisho la Afrika Mashariki na mambo mengine.

们的最高党派——非洲人协会。如果我们不对自己的肤色感到骄傲，那不但是不正确的，也是毫无意义的行为。"①

　　笔者希望通过梳理坦噶尼喀非洲人协会的政治意识、能力和对人民所履行的责任，展现坦噶尼喀非洲人协会是如何在各个领域参与本地社会的发展的。多年来，坦噶尼喀非洲人协会始终在为非洲人争取更好的教育而努力。坦噶尼喀非洲人协会认为教育是发展的关键，它既可以改善人民的生活，又可以为不同社会背景的人带来平等。

　　自 20 世纪 30 年代以来，特别是第二次世界大战后，坦噶尼喀非洲人协会致力于推动法律改革，包括本地人在坦桑尼亚立法委员会的代表权问题。在立法委员会成立 19 年之后，坦桑尼亚本地人终于获得了参选委员资格。② 1945 年，殖民总督任命了立法委员会的首批两位本地委员，乞力马扎罗哈依（Hai）地区的本土长官阿布迪尔·希安加利（Abdiel Shangali）和希尼安加县（Shinyanga）布西亚（Busia）本土长官基达哈·马克瓦伊（Kidaha Makwaia）。其他两位委员，赫赫地区的本土长官亚当·萨皮（Adam Sapi）和朱玛·姆温达迪（Juma Mwindadi），分别于 1947 年和 1948 年当选立法委员。至此，立法委员会中的本地委员数量增加到了四位。

　　本地人的立法委员资格来自宪法的改革，而宪法的改革要归功

① Kumbukumbu za Taifa Na. 46/A/6/3/1/85 kuhusu Ufunguzi wa Chama cha Madreva, Dodoma 14/10/1944.

② Maazimio ya Mkutano Mkuu wa TAA wa Mei, 1940.

于坦噶尼喀非洲人协会的不断努力。[①] 然而,本地人却始终没有获得常务委员会委员的参选资格。自 1920 年成立以来,常务委员会一直由四名位高权重的委员组成。他们分别是主席、检察长、财务总管和医疗卫生总管。1926 年,教育总管和政务秘书进入委员会。1939年,常务委员会首次任命了四名代表,其中三位是欧洲人,一位是印度人。1938 年,殖民总督任命三名印度立法委员,这是自 1926 年该委员会成立以来首次任命印度裔委员。1951 年,首位坦噶尼喀本地非洲裔委员基达哈·马克瓦伊成为首位进入常务委员会的坦噶尼喀本地非洲裔委员。1958 年,坦桑尼亚第一次选举代表。该选举,正如我们随后将要介绍的那样,采用差额选举方式,每位选民有三张选票,根据候选人出身进行投票。

1958 年之前,出于各种原因,人民并没有真正代表自己权益的委员。委员会中的代表们为了保住工作,必须对英国国王宣誓效忠,必须拥护殖民地的剥削法律。除了必须要在考试中默写出委员们的姓名和选区的学生们,普通的人民群众并不知道这些委员会的成员们姓甚名谁。因为这些委员并不代表人民的利益,所以坦噶尼喀非洲人协会很难通过他们的力量有效推动宪法改革。除了已有的委员,坦噶尼喀非洲人协会意识到必须着手培养新的人才。一批有领导才能的民族精英脱颖而出,其中包括阿里·蓬达,阿里·赛克斯,

---

① 　Barua ya TAA kwa Gavana Na. AA/HQ/7 ya 3/8/1940.

阿卜杜·赛克斯,保罗·博玛尼(Paulo Bomani),萨达尼·A. 坎多罗
(Saadani A. Kandoro),萨义德·A. 马索尼亚(Saidi A. Maswanya),
艾格尼丝·萨哈尼·基格瓦,帕特里克·库南比,I. M. 博克–姆南
卡(I. M. Bhoke-Munanka),埃利亚斯·阿莫西·基森格和尼雷尔。

在 1940 年 5 月 11 日至 16 日的全体大会上,坦噶尼喀非洲人协
会向英国政府提出在英属东非所有地区实现义务教育的提案。在社
会平等的议题上,会议提出希望政府在城镇地区建造一些所有出身
和肤色的人都能使用的宾馆和饭店。

1945 年,坦噶尼喀非洲人协会第三次代表大会在多多马举行。大
会讨论了许多关于坦噶尼喀政治发展的重要问题。会议认为,此后的
工作重点是团结农民群众的力量,并将各阶层人民都凝聚在协会的领
导之下。会议还强调了实现城镇分会全覆盖的重要性。通过这种方
式,坦噶尼喀非洲人协会为坦盟的创建奠定了基础。令人欣喜的是,
在这次大会的决议中,坦噶尼喀非洲人协会首次使用了政治一词:"为
了整个民族的未来,已经在政治上实现觉醒的人们必定会将政治意识
传播给其他人。"① 此处的民族代表着坦噶尼喀的本土非洲人群体。

坦噶尼喀非洲人协会的领导人熟悉殖民政策,也了解白人定居
者给澳大利亚、南非、津巴布韦、肯尼亚和美洲等地带来的社会不公
问题。在这一共识的基础上,领导人拥有统一的立场。他们坚决反

---

① Kumbukumbu za Mkutano wa Tatu wa TAA uliofanyika Dodoma 29/3 - 3/4/1945.

对引入更多白人移民，建立东非三国联盟的决议。此外，在了解世界其他地区的经验之后，他们希望英国殖民政府认真考虑从南非和美洲引进一批更优秀的非洲教师的建议。

协会的领导人们在政治方面的成就也体现了坦噶尼喀非洲人协会的重要性。1946 年 4 月，坦噶尼喀非洲人协会大会在达累斯萨拉姆举行。协会领导人在会上提醒英国政府恪守联合国委任托管制度的相关要求和英国对坦桑尼亚人的职责。他们提出："坦桑尼亚的本土非洲人希望这个国家受到联合国的委任托管，并希望有能力的坦桑尼亚人从此以后在所有机构，特别是行政机构，获得权力。"随后，他们又对英国政府关于建立东非联盟的第 191 号法律提出反对意见，他们表示：

> 在第一次世界大战后，坦噶尼喀成为委任托管地。坦噶尼喀的非洲裔本地人希望并且相信有朝一日，他们可以以坦噶尼喀人而非东非人的身份，获得民族独立。东非国家正处于不同的统治势力之下，在独立之日到来之前，坦噶尼喀的本地人不会接受与东非任何国家、以任何形式建立的联盟，无论是经济联盟还是政治联盟。[1]

---

[1] Maazimio ya Mkutano wa TAA wa 1946 kupinga Azimio Na. 191 ibara ya 5，la serikali ya Kiingereza kuunda Shirikisho la Afrika Mashariki.

尽管坦噶尼喀非洲人协会的组建者来自各行各业，但是因为工农群体有自己的协会组织，他们并没有直接参与进坦噶尼喀非洲人协会的活动中来。从这个角度来说，坦噶尼喀非洲人协会无法建立一个属于全坦桑尼亚人民的联盟。除此之外，特别是在 1940 至 1950 年期间，坦噶尼喀非洲人协会没有形成一个强有力的中央领导集体。协会的活动由各个分会负责举办，而中央领导机构只设在各大行政区。1953 年末的大会上，尼雷尔当选协会主席。据说在此之前，协会没有一个稳定可靠的领导集体。

除了培养政治领导人，坦噶尼喀非洲人协会还不断促进全国各地人民民族独立意识的觉醒。坦噶尼喀非洲人协会领导人和民众主要的政治意识是由第二次世界大战时期从边境内迁的部分人民带来的。英国殖民者在殖民地采用"分而治之"和"隔离政策"。简单来说，隔离政策的目的是阻止不同宗主国殖民地人民的流动和交往，因为不同殖民地人民的生活境况差异很大。例如，比利时政府就经常阻止扎伊尔殖民地的人民前往法国统治下的刚果殖民地。

在刚果殖民地，人民的生活条件优于扎伊尔殖民地的人民。然而，刚果人民的生活条件比刚果的欧洲定居者恶劣许多。不同殖民地人民的生活条件的差异不仅取决于殖民当局所开展的经济活动，还取决于该殖民地的经济实力，即宗主国向殖民地注入的资本的多少。而以上两个方面很大程度上是由宗主国的科学技术发展水平所决定的。一个统治两三个殖民地的宗主国和一个仅有一处殖民地的宗主国,其殖民地人民的生活水平是不能等量齐观的。以扎伊尔殖民地为例,第一个争取民族独立的政党直到 1958 年才被允许成立。1960 年,扎伊尔宣布独立,但国内人民尚未做好迎接独立,接受新政府的准备。在这样的局势下,独立导致了国内动乱,动乱又导致了革命者帕特里斯·卢蒙巴(Patriki Lumumba)及其上千名支持者的死亡。这个结果是所有帝国主义者所喜闻乐见的,他们对扎伊尔的军事介入和在内战期间杀害数千名平民的行为就证明了这一点。

(二)第二次世界大战

第二次世界大战于 1939 年开始,1945 年结束,战火蔓延至欧洲、非洲和亚洲等世界各地。二战是一场帝国主义国家之间的战争,殖民宗主国却强迫其殖民地人民作为士兵参战。

为了和平管理和瓜分殖民地,1884 至 1885 年召开了柏林会议。在这次会议上,一些原本没有殖民地的国家,例如德国,获得了殖民地。这种划分刺激了其他想要在殖民世界分一杯羹的国家。1884 至 1885 年不平等的势力划分使欧洲国家陷入了围绕殖民地产生的冲突之中,而这种冲突将欧洲国家卷入了 1914 至 1918 年的第一次世界大战。一战的发起国德国最终战败。作为对战败国的惩罚,德国失去了所有殖民地。而英国、法国、葡萄牙、比利时等少数帝国主义国家获得了大量殖民地。战后对殖民势力范围的重新划分虽然让战胜国感到高兴,但却无法为它们带来永久的和平。因为德国、意大利、日本和美国等其他国家发现自己没有任何殖民地或仅有少量殖民地，殖民势力范围的悬殊加剧了帝国主义国家之间的竞争。

于是，1939 年 9 月欧洲帝国主义国家再次宣战。德国、意大利和日本联手对抗拥有殖民地的帝国主义国家。美国随后加入反德阵营。美国的这一参战决定是出于经济原因。法国、葡萄牙、英国和比利时允许美国在其殖民地上投资。由于在南非、扎伊尔、安哥拉、刚果、赞比亚、纳米比亚、尼日利亚、坦桑尼亚、肯尼亚、乌干达和埃塞俄比亚都有大型公司，为了保护既有投资，美国只能加入拥有殖民地的帝国主义国家阵营。与德国同一阵营的国家在这场战争中被击败。

英国等帝国主义国家赢得了第二次世界大战。但这些国家面临着许多内部问题。战后美国的经济迅速发展。英国和法国的经济实力因为二战而被极大削弱。两国只得向美国借贷。为了偿还债务，也为了解决国内粮食和原材料短缺的问题，英国在殖民地启动了各种项目。而启动项目又需要向美国申请更多的贷款。英国的这些项目被称为海外粮食公司（OFC）和殖民地发展公司（CDC）。与英国相比，强大的经济实力使美国有能力主宰世界。美国的军事实力较战前成倍增强。美国还动用其雄厚的财力从其他国家购买专业知识和技术。直到冷战时期，帝国主义国家和共产主义国家依然在军事和经济上依赖美国。

第二次世界大战后美国没有继续发展旧殖民主义。美国的目标是摧毁旧的殖民结构，并用新殖民主义取而代之。

帝国主义国家清楚地意识到，新殖民主义将增强美国主宰世界经济和政治的能力。但这些国家束手无策，因为美国的主宰已成定局。这些国家也跟随美国，同意本国殖民地独立建国，同时在新的独立国家中施行新殖民主义。这就是为什么在这一时期几乎所有的帝国主义国家都要么允许殖民地建立政党，要么直接给予其殖民地独立地位。战后帝国主义国家的主要任务就是扶持代理人，以便在新独立国家中继续实施新殖民主义。

第二次世界大战帮助殖民地人民实现了民族政治意识的觉醒。为了保全殖民地的经济，帝国主义者们不得不放开某些原有的禁令。例如，禁止不同殖民地间人员流动的"隔离政策"被打破。迫于形势，殖民者必须派遣殖民地人民前往对德、对日、对意大利的战场上去。来自南非、中非、西非和东非殖民地的大多数士兵被派往斯里兰卡、印度、缅甸和新加坡战场，其他士兵在非洲战场作战。

这些士兵中有许多人命丧沙场，还有许多人因伤致残。很多从前居住在边境地区的人民得以返回原籍。在边境居住时，他们见证了其他殖民地人民各种形式的反殖独立运动。其中的一些人，例如费尔南德兹·戈苏荷西·吉塔基诺，有机会会见印度的政治领导人，并与他们讨论印度国民大会党领导的政治和独立斗争。1944年，他们还在印度阿萨姆邦（Asamu）与该党主席圣雄甘地交流。甘地在会谈中提到了1943至1945年印度国民军领导的起义。这次起义是为了从帝国主义者手中争取印度的民族独立。1947年，印度获得独立。在第二次世界大战中，非洲人民意识到，欧洲人和亚洲人并不比非洲人天生更具有优越性，他们意识到不能继续放任殖民者在殖民地上为非作歹。在战场上，非洲士兵敢于和欧洲人决一死战，他们击败了欧洲人，有时还取其性命。所以回到家乡后，他们不再像从前那样惧怕和敬畏欧洲的统治者了。另一件有助于提高民族政治意识的事是他们与非裔美籍士兵的交流。除此以外，帝国主义国家在军事杂志和广播节目中进行的战争宣传或许也对非洲士兵产生了巨大的影响。

这些二战士兵回国后，大部分都加入了坦噶尼喀非洲人协会。1946年，殖民政府在比格瓦（Bigwa）对这些士兵进行了为期六个月的培训。培训结束后，他们将被派往殖民政府中的初级岗位上工作。在莫罗戈罗比格瓦培训期间，60多名士兵经常性地举办有关坦噶尼喀非洲人协会和政治发展问题的会谈。一些殖民政府的公务员也会受邀参会，行政区区长办公室的职员恩祖达（Nzunda）就是其中一员。

他们讨论了为给协会注入新力量，坦噶尼喀非洲人协会是否需要将争取民族独立作为新的斗争目标。协会的更名问题也曾是他们讨论的议题之一。他们一致认为，当他们结束培训、走向工作岗位之时，不论身在何处，加入并将坦噶尼喀非洲人协会发展壮大是他们义不容辞的责任。他们认识到，除了科技和经济发展上的差距，欧洲人、亚洲人和非洲人都是平等且完整的人。受"精神鸦片"的影响，人们很长一段时间都认为非洲人在能力上低人一等。这些士兵们努力摆脱这一影响，每当欧洲人忽视、侮辱或是干涉他们的事情，士兵们都毫无畏惧地捍卫自己的权益。在姆万扎，一些归国战士用武力将欧洲人从火车一等车厢赶出来后，带头去一等车厢就座。这一举动让当地民众又惊又喜，因为这些事情在本地非洲人眼中是不敢为之事。人们随即意识到原来乘坐一等车厢并不是欧洲人与生俱来的特权，而是一种种族歧视。但是需要记住的是，这些士兵中大部分是文盲，所以很难靠他们为坦噶尼喀非洲人协会带来重大变革并让他们担任领导角色。但是仍有少数像阿卜杜·赛克斯、阿里·赛克斯和费尔南德兹这样受过良好教育的成员在坦噶尼喀非洲人协会的各级机构就职。后来，在他们和其他人的共同努力之下，坦盟成立。

第二次世界大战以后，帝国主义国家创建了联合国。联合国宪章第 11 至 13 章提到了帝国主义国家对其托管地的政策和职责。帝国主义国家所说的独立指的只是形式上的独立。

殖民者意识到非洲人的解放运动已经势不可挡，如若没有制度上的行动，或将引起他们军事上的行动。正在筹划引进新殖民主义的殖民者尚未做好应对动乱的准备，因此他们被迫允许本土非洲人成立政党。这也是殖民者开始在联合国中讨论人权平等和法律面前人人平等的原因。他们所讨论的人权之一是各国人民自治和自决的权利。但是，这种平等和坦桑尼亚人在独立自主的乌贾马政治中所谈论的平等在理论深度上是不同的。

第二次世界大战使苏联脱颖而出，首次进入世界军事强国之列。苏联的强大离不开其科学技术的迅猛发展。1941 年，随着德国的入侵，苏联宣布参战。为了国家的命运，苏联的科学家和工程师们必须夜以继日地加紧研发现代战争武器。这些武器使苏军在对德战争中取得了关键性胜利。战败后，德国分裂为东德和西德两个国家。西德加入北大西洋公约组织（NATO），东德作为社会主义国家与苏联结盟。二战后，北约成员国和其他帝国主义国家一致承认苏联是世界军事强国之一。

帝国主义国家对苏联感到畏惧，这不仅是因为苏联强大的军事实力，还因为它的社会主义政治。由于军事实力的强大，苏联在联合国拥有更大的发言权。如此，苏联便能实施有利于本国发展的政策和规划，也能在国际舞台上表达平等和基本人权等思想。

苏联作为一个社会主义大国，为改变帝国主义国家殖民地管理政策作出了巨大的贡献。

从本章的内容我们可以明显看出，彼时的世界局势使得在坦桑尼亚国内成立一个政党成为可能。但是，仍然缺乏有才干和有政治觉悟的领袖人物。坦噶尼喀非洲人协会的部分成员可以担此重任，其中就包括尼雷尔。

第七章

坦噶尼喀非洲民族联盟领导下的独立运动

坦噶尼喀非洲民族联盟（TANU，简称坦盟）是坦桑尼亚大陆的一个民族解放政党，1954 年 7 月 7 日在达累斯萨拉姆建党[1]，1977 年 2 月 5 日解散，有 24 年的历史。坦盟作为实现民族解放的重要组织，它的建立与人民群众的不懈努力有着密切的关联。

坦桑尼亚人民争取独立与自由的想法由来已久，早于坦盟建党，甚至早于欧洲殖民统治。虽然那时还没有形成全国性的联盟，但坦桑尼亚各地人民在欧洲殖民者到来之前和殖民统治时期都做出了争取解放的努力。

作为争取民族解放的正式组织，坦盟的组建是为了团结所有能团结的解放力量。坦盟为民族解放赋予了全新的含义，确定了作为民族国家的全民解放的目标，为民族解放思想和实践提供了理论基础。坦盟的首要任务是团结和领导人民为争取民族解放而奋斗，接续先辈自 19 世纪以来反帝反殖民的斗争。

---

① Kumbukumbu za mkutano wa kwanza wa TANU, Makao Makuu ya CCM.

一、　坦噶尼喀非洲民族联盟的诞生

前文已探讨过 1954 年坦噶尼喀非洲民族联盟成立时的背景。在明确坦盟的定位之后,我们需要了解坦盟作为政党的建立过程,它的结构、宗旨以及在民众中的发展历程。1954 年 7 月 7 日至 9 日,坦噶尼喀非洲人协会(TAA)大会在尼雷尔主席的主持下于达累斯萨拉姆召开。出席本次会议的代表人数较多,但只有 17 名代表全程参会。他们即是坦盟建党的主要负责人,名单如下:

J. K. 尼雷尔	主席
格雷马诺·帕查(Geremano Pacha)	西部
约瑟夫·基玛兰多(Yosefu Kimalando)	北部
雅弗·吉利罗(Yafeti Kirilo)	北部
C. O. 米林加(C. O. Milinga)	东部
阿布巴卡利·伊兰加(Abubakari Ilanga)	大湖区
L. B. 马卡兰加(L. B. Makaranga)	大湖区
萨达尼·A. 坎多罗	大湖区
S. M. 基特瓦拉(S. M. Kitwara)	大湖区
基松古塔·加巴拉(Kisunguta Gabara)	大湖区
特瓦·赛义德·特瓦(Tewa Saidi Tewa)	东部

（续表）

多萨·A. 阿齐兹(Dosa A. Azizi)	东部
阿卜杜·赛克斯	东部
帕特里克·库南比	东部
约瑟夫·K. 班图(Yosefu K. Bantu)	东部
阿里·赛克斯	东部
约翰内斯·鲁皮亚(Yohana Rupia)	东部

这次会议的首要议题是改变坦噶尼喀非洲人协会的宗旨。在尼雷尔和其他民族主义者看来，坦噶尼喀非洲人协会没有一个鲜明的斗争目标。因此，有人建议对协会的宗旨进行改革，确立新的宗旨，明确斗争方法。经过与会者的充分讨论，大家一致同意这一提议，将实现坦桑尼亚大陆民族独立确定为坦盟的宗旨。

1954 年 7 月 8 日的会议就坦噶尼喀非洲人协会的更名问题进行了讨论。与会者一致认为，既然协会的宗旨已经更新，那么协会也要另改新名。在向全体成员发出征名启事后，一名成员提出的"坦噶尼喀非洲民族联盟"，即坦盟(TANU)，在会议上通过。随后，会议决定将此次会议确定为坦噶尼喀非洲民族联盟第一次大会。1954 年 7 月 7 日，在坦噶尼喀非洲人协会大会决定更改协会宗旨的同一天，坦噶尼喀非洲民族联盟在卢蒙巴大街(Mtaa wa Lumumba)成立。尽管更名事宜直到次日才确定，但是从本质上讲，旧的坦噶尼喀非洲人协会已经不复存在，新的坦噶尼喀非洲民族联盟已经完成改组。①

坦噶尼喀非洲人协会的章程规定，不论是政府人员、商人、工人、地主还是农民，各行各业的本土非洲人都可以以个人身份加入该协会。其他党派人士也认识到了坦噶尼喀非洲人协会的实力。1954 年成立的坦噶尼喀非洲民族联盟同样向所有的本土非洲人敞开大门。虽然创始党员仅有 17 人，但坦盟的宗旨和使命却很明确。尽管建党时的党员数量少，坦盟自最初组建之日起就是一个群众党，而非干部党。实际上，与会代表数量并不少，他们代表着所在地以及因各种各样原因，尤其是因通信受阻无法派出代表的地区的成千上万人民的意见。在坦桑尼亚南部，有的地区由于通信不畅，会议召开的消息迟迟没有送达；有的地区由于交通不便，消息根本无法传递，所以南部地区没有派出参会代表。② 但目前尚无资料记载为何中部地区和南部高原地区没有派出参会代表。

更改协会宗旨的想法是由尼雷尔提出的。尽管尼雷尔在给参会代表的信中并没有明确他的提议，但笔者所采访的很多代表都表示尼雷尔曾提到了更改协会宗旨的重要性。尼雷尔认为，修改协会宗旨是使协会转型成为一个以争取独立为目标的真正政党的关键一步。

---

① *Uamuzi wenye Busara*，uk. 2 na kumbukumbu za Mkutano wa kwanza wa TANU wa 7/7 - 9/7/54.

② 根据坦噶尼喀非洲人协会前区分会书记、来自林迪市卢坤杜大道（Lukundu）的萨义德·纳索罗先生的叙述。

本次大会的第二重要议题是确定政党的名称。阿卜杜·赛克斯率先提议将该党命名为坦噶尼喀非洲人联盟（TAU）。但是尼雷尔认为坦噶尼喀非洲人联盟（TAU）与肯尼亚非洲人联盟（KAU）过于相似，而肯尼亚非洲人联盟因为茅茅运动（Mau Mau）在肯尼亚遭禁，他担心如此命名会招致殖民者对新生政党的打压。所以他增加了一个字母"N"，提出了坦噶尼喀民族非洲人联盟（TNAU）一名。但据说，阿里·赛克斯又考虑到发音问题，将 TNAU 四个字母进行了重新排列后，才得到了如今的"坦噶尼喀非洲民族联盟"，即 TANU。这一提议得到党内成员的一致同意。还有一种说法称，尼雷尔事先将参会的邀请和更改协会宗旨的章程草案一同寄给了坦噶尼喀非洲人协会的各个分会以及他本人的诸位好友。新的宗旨和坦噶尼喀非洲民族联盟的名称都是经过前两天会议的充分讨论之后才得以确定的。

尼雷尔提出了更改协会宗旨的想法，这一时期他的所有努力和想法都是为了落实这一目标。1954 年 7 月 7 日至 9 日第一次大会期间，尼雷尔的英明领导对坦噶尼喀非洲民族联盟的成立至关重要。若没有他的统筹领导，与会代表便无法达成一致，坦盟也不可能顺利成立。尼雷尔对于坦盟成立所作出的卓越贡献得到了坦噶尼喀非洲人协会最后一任书记 A. T. 马贝莱（A. T. Mabele）的认可，坦盟成立之时，他正忙于巩固坦盟在西湖省的分支。

二、 坦盟的组织结构（1954—1961）

为更好地了解坦盟的发展，我们有必要先了解 20 世纪 50 年代坦盟的结构体系。以下将从总部、省支部和各基层支部三个层面研究坦盟的组织结构。

坦盟的党章规定一年一度的坦盟全国代表大会是党内最高级别会议。1960 至 1975 年期间，全国代表大会每两年召开一次。大会上，党代表议定党的计划和中央委员会拟定的各项提案，废止部分党内法令法规。大会有权选举党的主席、副主席和中央委员会委员。大会有权批准个人和团体的入党申请，也拥有开除这两类党员的最终决定权。由于当时处在民族解放运动时期，为期一年的闭会时间过长，不能满足党内需求。因此，为了便于管理党内事务，必要时可随时在全国代表大会闭会期间另行召集会议。

出席全国代表大会的代表由两部分人组成，一部分是党的领导人，另一部分是由地方选出的参会代表。参加代表大会的党的领导人包括中央办公委员会的代表、主席、书记、省支部书记和中央委员会的代表。根据党章规定，党的领导人中除主席和中央委员会的代表以外，其他代表没有投票选举权。

自 1954 年起，坦盟还设立了另一重要的机构——全国中央委员会。根据党章，该委员会由主席、财务官、省支部书记、中央办公委员会的代表和十位分别代表他们所在地区的党员组成，其中，面积最大的西湖省派出两名代表。全国中央委员会主席兼任总书记。

中央委员会每月召开一次会议。考虑到当时落后的交通和通信条件、辽阔的疆域和党内举步维艰的财政状况，会议的召开次数稍显频繁。然而，正如下文中将要讲到的那样，坦盟想尽一切办法克服种种现实困难。

中央委员会的职责是管理党的事务，指导党的各项活动，监督政策的实施，把握党的整体发展方向。坦盟的发展很大程度上取决于中央委员会的领导。委员会的所有决议在经过坦盟全国代表大会批准后，均被视为党的正式决议。

中央委员会负责在各省区设立党支部和省区级的委员会，并管理地方的所有活动。① 中央委员会还负责统计和提名立法委员会的候选人。由于立法委员会实行党内外混合投票程序，所以中央委员会必须根据候选人的政治立场和与坦盟的关系来推选坦盟党内外的候选人。在 1965 年以前，坦盟公布候选人之后仅为党内的候选人组织竞选活动。在 1958 年 9 月至 1960 年的选举中，绝大部分坦盟提名候选人都获得全票通过。几个有反对票的候选人也顺利通过选举，只有坦盟北部地区的党员、本土殖民官员阿米尔·多多（Amri Dodo）在与非坦盟中央委员会提名的萨拉瓦提（Sarawati）的竞争中落

---

① *Katiba ya TANU ya* 1954m kifungu cha III (c).

败。在这个案例中，中央委员会在推选过程中有所失误，因为党外的萨拉瓦提虽然以个人名义参选，但他受到民意的广泛支持。① 除选举事务外，中央委员会还有部分需要与其他机构协调配合完成的重要职责。

中央委员会下设的中央办公委员会位于达累斯萨拉姆总部，其成员均须来自达累斯萨拉姆。办公委员会每周至少召开一次例会，具体负责执行、领导和管理党的日常事务，接收来自各地区的消息，并为中央委员会的月度会议准备提案。

中央办公委员会的成员包括坦盟主席和其他委员。党章规定，主席有权在中央委员会的批准下任命九名成员。办公委员会的主席由成员选举产生。党章还规定，任人唯贤，有特殊专业知识或对党的信念坚定也可以作为入选办公委员会的条件之一。但为了便于委员会的日常讨论与决策，所有成员必须来自达累斯萨拉姆，必须能够及时了解局势变化；1975 年坦盟再次要求，所有中央委员都必须在坦盟总部所在地居住。这两项关于组织结构的要求大大方便了办公委员会的决议工作。

党章还对紧急时刻的"内阁会议"作出了规定。内阁由五名成员组成，分别为主席、副主席、总书记、中央办公委员会主席和财政官。在危险或紧急时刻，内阁在知会中央办公委员会之后，可以代行党的

---

① 1974 年 10 月 3 日卡瓦瓦的观点，以及 1974 年 7 月 29 日费尔南德兹的观点。

领导权，并有权使用不超过 1 000 先令的经费。

随着省、县、乡各级党支部的设立，党的重要领导结构得以不断完善。若非中央委员会通过中央办公委员会另行通知，省支部每年应召开四次全省代表大会。当该省份获得超过三分之一的区域支持时，省支部可以召开特别会议。

省支部的全省代表大会由如下代表组成：（1）每个县派出两名代表参会，总参会人数视该省份的县数量而定。（2）省委员会的党员。（3）所有在该省份的全国中央委员会中的党员。第二类和第三类与会代表属于党内领导人，除非他们同时是县里选出的参会代表，否则不享有投票权。

全省代表大会的主要任务是根据全国代表大会的决议，制定下一年度的发展计划。除此之外，书记代表全省委员会整理省级党务工作的各种信息，大会还需要对这些报告进行接收和审查。

除了全省代表大会，省支部中还设立省级委员会，成员包括省支部主席、省支部书记、宣传委员和省财政官。这四名委员也是省支部的主要官员，他们均由全省代表大会选举产生。

省级委员会的重要职责之一是在市、村两级设立、领导并管理坦盟的党支部。省级委员会还负责执行中央办公委员会下达的计划和命令。省级委员会以提案的形式向中央委员会建议是否应将某一组织接纳为坦盟党员。同时，若某位党员不符合坦盟党员条件、违反坦盟的政治纪律，省级委员会还将就是否开除其党籍提供建议。省级委员会没有自己的资金经费，工作人员的工资及其他开销由中央办公委员会统一拨款。

县级支部的组织结构也是如此。各级机构都有各自的分工职责。例如，基层支部负责收取捐款、年党费和入党费，这笔款项由支部书记上交给县办公处，其中约 30％为支部留用，70％上交中央办公委员会。但无论是党的支部还是中央办公委员会，都是事关党的存亡的重要机构。

坦盟主席的地位也必须加以分析。党章规定，在坦盟的组织结构中，主席是党内拥有最高权力的领导人。而在订立党章之时，尼雷尔就已经是主席了。这对于历史学家来说是一个值得探究的问题。

党章规定："主席由全国代表大会选举产生，任期一年。往届主席可以连选连任。"党章还规定"主席是党和中央委员会的领导人"。笔者认为，主席的职位非常重要。由于主席要站在全局的高度指导党的各级事务，主席的人选就尤为关键，所以英明、智慧、当机立断的尼雷尔当选了主席一职。

三、 1954 年坦盟的宗旨

从坦盟党章宗旨的第一条可以看出，除了提出政治上自治的目标，坦盟还着重关注动员人民群众的问题。后来，尽管奋斗目标有所不同，坦盟仍然非常重视人民群众的力量。第二条宗旨是从根本上铲除一切形式的歧视，团结坦桑尼亚大陆的全体人民。殖民时期，殖民者的统治使歧视思想根深蒂固，间接统治制度、宗教教派不同、教育不平等、财富分配不均和种族肤色差异都是歧视思想的社会根源。相关问题已在第六章进行过详细论述。坦噶尼喀非洲人协会的章程中明确规定了团结一切人民群众的重要性，但是这一规定仅仅停留在理论层面。坦盟将其付诸实践，并且进一步阐明男女之间性别歧视的根源在于自私、压迫和剥削，领导者和工人之间的歧视则源自压迫、轻视和剥削。

坦盟也同样重视其他社会问题，并将其纳入党章。坦盟的第三条宗旨讨论了民主问题，强调各级机构中的代表均由人民选举产生。

1954年坦盟宗旨的第六条规定："鼓励工人群体发展，帮助他们建立工会，并促进工人群体在商业活动上团结一致……"[1]

工会是同行业工人组建的团体。坦盟成立之初，国内的工会数量很少，有坦噶尼喀政府公务员协会（TAGSA）、商业雇员协会（CEA）、家庭佣工联盟（DSU）、非洲铁路联盟（RAU）等。这些协会都是在第二次世界大战之后受到英国执政党工党的影响而创建的[2]，但鉴于工党的强大力量和工会对殖民统治的潜在威胁，英国殖民者不允许坦桑尼亚的本地人联合组建工人协会。1954年坦盟的成立促进了工人群体政治意识的觉醒。在清醒地意识到他们的权利是如

---

[1]　Katiba ya TANU ya 1954.

[2]　根据卡瓦瓦的讲述记录。

何被殖民者剥夺后,工人们团结革命的热情高涨。当时,肯尼亚的工人已经成立了肯尼亚劳工联合会(KFL)。①

1955年7月,肯尼亚劳工联合会秘书长汤姆·姆博亚(Tomu Mboya)受邀参加坦噶尼喀商业雇员协会(CEA)的会议,他在会上介绍了肯尼亚工人联合会的组织结构、工会活动以及发展历程。在聆听了肯尼亚同侪的讲解后,10月初,商业雇员协会的秘书长M.穆潘加拉(M. Mpangala)召集所有工人协会举行了一次会议。1955年10月10日,坦噶尼喀劳工联合会(TFL,坦工联)正式成立,卡瓦瓦为首任秘书长。坦工联的首要任务是将30多个小型的工人协会联合起来,再重新组建11个新的实力更强的工会,其中包括:(1)运输工人和普通工人联合会(TGWU);(2)基层政府工人联合会(LGWU);(3)码头工人联合会(DWU);(4)家庭与酒店雇员联合会(DHWU);(5)矿工联合会(MWU);(6)坦噶尼喀种植园工人联合会(TPWU),等等。

坦工联的领导人和工会成员均加入了坦盟。显而易见,在争取独立自由的斗争中,坦盟与坦工联之间的关系非常密切。坦工联召开全体会议时,坦工联和坦盟的领导人共同出席并发表讲话。如此一来,坦噶尼喀工人群体的民族政治觉悟日益提高。1958年,达累斯萨拉姆啤酒厂的工人发动罢工。

---

① 根据卡瓦瓦的讲述记录。

啤酒厂工人最初要求涨薪,但他们的要求遭到了拒绝,随后工人们组织了罢工,并获得了商业雇员联合会(CIWU)的支持。啤酒厂解雇了罢工的工人,不久后以本地工人三倍的工资雇佣了阿拉伯和索马里工人进厂工作。民族冲突和本地工人的排外情绪一触即发,坦工联随即宣布抵制一切外国酒类。当时外国酒厂的主要客户是在坦噶尼喀的欧洲人。正在前往姆贝亚的尼雷尔得知这一抵制公告后,向全国人民呼吁:"同胞们,请不要再喝欧洲人酿造的酒。我们喝他们的酒就是在喝我们兄弟同胞的血。"全国上下立马响应号召。没过多久,啤酒厂不得不重新聘请本地工人,并应允了他们涨薪的要求。这次胜利的罢工是坦工联和坦盟的一次伟大合作,极大地增强了民众对两方领导人的信任。

另一场非常著名的工人罢工发生在科罗圭(Korogwe)地区的英国资本家的马津德(Mazinde)剑麻种植园。罢工的起因是涨薪要求遭拒。种植园中的3 000多名工人要求提高工资,但他们的要求没有得到回应,于是工人们组织罢工。结果是所有的工人都被解雇,他们中有的来自坦噶尼喀本地,有的来自马拉维等邻国。在此情形之下,尼雷尔呼吁坦盟的党员们将解雇工人们视为兄弟,热情接纳。

坦工联也采取了相应措施,他们呼吁全体民众抵制该剑麻种植园,不去为资本家打工卖力。民众响应了号召。如此抵制一年之后,资本家们不得不提高薪资,但却再也换不回曾经的工人。没过多久,种植园的经营就难以为继,英国种植园主纷纷返回原籍。

　　1958 年，坦盟代表大会在塔波拉召开，会上讨论了反对三级种族议会制和是否参与立法委员会的选举问题。坦工联对此积极配合，决定如果殖民政府无视坦盟的决议，那么就发动全国范围的工人罢工。为了进一步巩固坦盟和坦工联之间的关系，卡瓦瓦被选为坦盟中央委员会代表。坦盟党章的第四章谈及青年政治团体的相关问题，这些青年团体与体育和教育相关。1958 年，坦盟又成立了坦盟青年团（TANU Youth League，TYL）。

　　1958 年，在加纳独立一周年庆典上，尼雷尔和卡瓦瓦与以色列前总理果尔达·梅厄（Golda Mea）交谈。在了解了以色列青年协会的运作方式之后，两位领导人备受启发。回国之后，他们决定成立坦盟青年团。卡瓦瓦召集了青年们共同商讨建团事宜。在意识到成立青年团的重要性后，会议决定立即成立青年团，由卡瓦瓦担任首任主席。保护坦盟领导人的安全、揭露敌人的阴谋是坦盟青年团的主要职责。因此，为了探听各方敌情、及时采取措施，有一部分青年团员加入到坦噶尼喀非洲人国民大会党（ANC）和人民民主党（PDP）等反对党之中。

　　根据上文的叙述，读者可能会认为成立坦盟青年团的想法是受外部影响才产生的，但实际上，在坦盟青年团成立之前，埃利亚斯·阿莫西·基森格已经在坦噶地区成立过一个名为坦盟志愿队（TANU Volunteers Corps，TVC）的青年组织，坦盟志愿队在全国的知名度并不高。坦噶是坦噶尼喀非洲人国民大会党和坦噶尼喀联合党(UTP)的总部,坦盟志愿队在当地多次打击两派反对势力。所以,坦盟青年团的前身业已存在,所谓外来思想的影响仅仅体现在将其合法化这一行为上,即将其纳入党章、使之成为政府官方承认的协会团体之一。

1954年坦盟宗旨的第七条为督促政府:

(1)帮助出售农产品的农民和牧民争取更有利的价格,同时也帮助购买者争取性价比更高的商品。

(2)帮助本地人开设各类小型工厂,并尽可能扩大工厂规模。

(3)建立职业学校,培养本地人成为掌握过硬技术的工匠。

(4)与雇佣者协商合适的工资标准,并确保所有工人工资不得低于该工资标准。

(5)强制儿童接受小学教育,并增加更高级别的学校的数量。

坦盟为推动殖民政府实现以上目标付出了巨大努力。在殖民统治的全部时期,坦盟采取各种措施为农民、牧民和工人争取权益。但全体坦桑尼亚人都应该注意的一个问题是:坦盟是如何能够关注到人民群众的权益的。

第二次世界大战后,坦噶尼喀非洲人协会意识到了职业教育、全民教育以及成人教育的重要性。殖民政府无视坦噶尼喀非洲人协会的要求,但是坦盟宗旨的第七条中强调了这一问题,并在1958年于塔波拉举行的坦盟代表大会上深入讨论了教育问题。自20世纪50年代以来,坦盟在全国范围内开展成人教育,坦噶尼喀双亲协会学校

(TAPA)的建成更落实了扩大教育覆盖面的党内决议。除此以外，本次大会还通过了开办大学的决议。1974 年根据穆索马决议（Azimio la Musoma）制订的全民教育计划，以及建立职业技术学院、民众发展学院等都是实现 1954 年坦盟宗旨第七条的重要举措。

　　有学者认为，坦盟的部分宗旨借鉴了加纳国民大会党的党章。这种观点很难获得认同。试问，当年有多少坦桑尼亚人阅读过恩克鲁玛博士（Dk. Nkrumah）订立的党章？1954 年坦盟提出的宗旨与加纳国民大会党的党章有相似之处，可能纯属巧合。事实上，坦盟的领导人多数曾经是坦噶尼喀非洲人协会的高层领导，他们制定了坦噶尼喀非洲人协会的各项方针政策。这些领导人在坦噶尼喀非洲人协会中长期积累的斗争经验使得坦盟的宗旨难免与其前身的方针政策相近。坦噶尼喀非洲人协会的改组是为了推动斗争的发展，而改组产生的坦盟将会取得更加丰硕的斗争成果。

四、坦盟的发展壮大

　　党的发展和壮大是坦盟斗争历程中最重要的一部分。但是很遗憾，从事相关研究的学者人数不多，而这段历史也并没有得到党史学者们的足够重视。现在，有必要对这一主题进行更为深入的研究。首先，坦盟是目前的执政党，研究它的历史是党领导下的民族国家的责任。年轻一代都渴望了解为了争取独立，特别是为了实现民族团结，前辈们都进行了怎样的斗争、做出了怎样的努力。

虽然研究这段历史并非易事，但研究工作势在必行。坦桑尼亚的民族统一是在坦盟领导下才得以实现的。民族统一的首要使命就是将人民从旧殖民主义的统治中解放出来。而能否达成这一目标则取决于坦盟能否充分联系和动员群众。要做到这一点，就需要使人民对坦盟有全面的了解，让人民能看到美好的未来，懂得如何实现斗争目标、如何克服犹疑与恐惧。

坦盟是如何联系人民群众的？这些人民群众又是哪些人？这里所说的人民群众是指广大的农民和工人。坦盟花费了大量的时间和精力，在很多地区甚至做了两年多的基层工作，最终通过各种方式获得了人民群众的支持。

坦盟的前身是仅在少数城市设有分会的坦噶尼喀非洲人协会。坦盟成立后，根据坦盟第一次代表大会的会议精神，各省区的坦噶尼喀非洲人协会分会机构都变为坦盟的支部，并且欢迎坦噶尼喀非洲人协会的领导、成员和大会代表在适当考虑后加入坦盟。例如，林迪省的部分个人团体加入坦盟后，林迪省原坦噶尼喀非洲人协会的领导人们也决定加入坦盟。

在很多地区，殖民者在不自知的情况下帮助坦盟扩大了影响力。为了尽快削弱坦盟的势力，殖民当局在各省区张贴告示，提醒本土非洲人公务员不要加入坦盟。传教士也开始代表殖民政府四处宣传坦盟是共产党，并且添油加醋地对共产主义进行误导性的宣传。在这样的情形下,初识这一概念的坦噶尼喀民众对共产主义充满了恐惧与抗拒。

彼时共产主义与资本主义、帝国主义正处于对峙状态。殖民者想通过误导共产主义引起人们对坦盟的厌恶与排斥之情,转而接受殖民者的统治、压迫和剥削。在坦盟成立之前,传教士们从未在传教过程中谈起过共产主义。而现在,不仅传教士们对共产主义多加批判,学校里的传教士老师也开始恐吓学生,警告他们提高警惕,防止被这些思想渗透。殖民政府的做法与坦盟党章中消除一切形式的歧视的宗旨背道而驰。然而,殖民者和他们的喉舌——传教士对坦盟的严防死守,反而使得更多农民、青年学生和工人得知了坦盟的存在。面对被殖民统治所蒙蔽和误导的人民,坦盟需要一批能与人民打成一片并正向引导人民思想的领袖人物。但在当时,想要找到这样的人才绝非易事。

在很多地区,交通运输行业对坦盟的发展壮大也起到了重要作用。达累斯萨拉姆是多数线路的始发站,从这里出发、来来往往的乘客和司机在旅途中口耳相传,可以自由谈论时事,不必担心管制和审查。坦盟成立的消息最初就是由司机和乘客传播到南部几个省的,林迪的邮局局长朱玛(Juma)就是传播者中的一员。

但是需要注意,各省的人民获知坦盟成立的消息与在各省区顺利成立坦盟的支部是两码事。

坦盟在坦噶尼喀为人熟知主要是源于两类人群。首先是居心叵测的殖民当局、传教士和本土殖民官员。他们本着制造民众的恐慌情绪、遏制坦盟的发展之目的，对坦盟进行不实宣传。其次，是并无恶意的旅客和司机群体。曾在萨梅（Same）的本土基层殖民政府就职的埃利亚斯·基森格曾表示，他最早是从来自达累斯萨拉姆的旅客口中得知坦盟成立的消息。旅客和司机的宣传非常有效。虽然成立党支部一事不能依靠他们的力量，但是他们可以在往返的旅途中宣传坦盟，尤其是在坦盟遭禁的地区，暗中发展群众党员，收取党费并发放党员证。

殖民当局对坦盟成立感到惴惴不安。殖民者通过了多条法令，强迫农民种植指定的农作物、减少畜牧量。另有法令要求牧民对牲畜进行药浴喷淋，每头牛缴费 3/50 先令。殖民者在坦盟刚刚成立的头几年实施这一政策，极大地激怒了坦噶尼喀人民。相形之下，坦盟成为了人民眼中一个能将他们从水深火热中解放出来的政党。人民群众或在精神上，或在物质上，毫不犹豫地支持坦盟。很多人毅然辞掉工作，交纳党费，成为持证党员，带头投身于坦盟的建设之中。

另一股推动坦盟发展和壮大的力量是联合国。坦盟刚一成立，联合国就立即派代表团访问坦桑尼亚大陆，了解该地作为托管殖民地的真实发展情况。1954 年坦盟第一次代表大会宣言的第 21 至 22 条提及了英国女王、坦噶尼喀人民和联合国之间的关系。宣言指出：

坦噶尼喀（即坦桑尼亚大陆）的本土居民不是英国公

民，因此英国女王也不是坦噶尼喀的女王。大会认同英国女王为监管坦噶尼喀的殖民政府首脑，理应受到尊重。但是鉴于英国女王与坦噶尼喀民众的实际关系，大会一致同意告知政府，不应在政府声明和公文中将英国女王称为"我们的女王"，而应使用"女王"或"英国女王"的称呼，"国王"一词则坚决不允许使用。①

在本次会议中，很明显有很多人尚不清楚我们的国家正处于联合国的托管之下。为了帮助民众理解并看清时局，政府应该将英国国旗和联合国旗帜在境内所有必要之处一起悬挂。②

1946 年 4 月，坦噶尼喀非洲人协会曾讨论过殖民政府关于统一东非国家的第 191 号草案，也曾就托管地的情况提醒殖民政府。但坦噶尼喀非洲人协会和坦盟提出的方案有两点不同。首先，提出方案时的世界局势不同，其次，坦盟更有能力和魄力对各种事件发表自己的观点和立场，这有助于激发人民群众的热情，增强他们对坦盟及其领导人的信心。坦盟虽然没有将这些提案分发到人民手中，但通过公开集会和日常交流的方式向人民群众介绍和传达了各种决议的内容。

---

① Kumbukumbu za Mkutano Mkuu wa kwanza wa TANU wa 7/7-9/7/1954.
② 同上。

更重要的是,1954年联合国代表团对坦盟的主张表示支持,此举使坦盟获得了很大一部分人民群众的认可。但殖民政府对坦盟和联合国的声明都大加诋毁,为此坦盟特派尼雷尔前往联合国总部阐明坦盟的立场。尽管几经波折,坦盟在坦桑尼亚国内外的影响力和地位却都因此得到了发展和巩固。

除了揭露敌人的种种阴谋,从1958年起,坦盟的各个分支就致力于在基层推广和宣传坦盟。他们通过歌曲来鼓舞人心。这些歌曲深深触动了很多在思想上被殖民者或反对党蛊惑、控制的人民,激励他们转变立场,加入坦盟。一些年轻的坦盟成员还前往机关办公室、酒吧、体育赛场、各大机构,甚至是因殖民政府的禁令而难以到达的地区去发展党员。

坦盟中央办公委员会统筹负责全境的推广工作。尽管很多原坦噶尼喀非洲人协会分会都重新注册成为坦盟的支部,但需要注意的是,坦噶尼喀非洲人协会的分会并没有覆盖到坦噶尼喀的所有地区,坦噶尼喀非洲人协会原有领导人的政治抱负也不尽相同。例如,多多马和辛吉达(Singida)等中部地区的部分坦噶尼喀非洲人协会领导人加入了坦噶尼喀联合党(UTP),阿里·蓬达就是其中之一。[①] 还应记住,坦噶尼喀非洲人协会的大部分成员都是城市里的封建地主阶级,他们通常并不真心支持变革。在林迪省,邮政工人阿布达拉·

---

① G. G. Hajiwanyanis, A. C. Mtowa na J. Iliffe katika *Modern Tanzanians*, uk. 252. Mhariri J. Iliffe, EAPH, 1973.

朱玛·马科帕(Abdala Juma Makopa)等人负责宣传坦盟,并主持召开第一次秘密会议。众所周知,虽然他不是坦噶尼喀非洲人协会正式的持证成员,但他与林迪坦噶尼喀非洲人协会分会的来往非常密切。在秘密会议上,朱马·马科帕首先解释了坦盟的新宗旨,而后向大家致歉。他说道,由于政府禁止公务员加入政党,所以他无法公开以坦盟党员的身份行事。马科帕没有坦盟的党员证,但他宣誓将在地下战线为党组织服务。

特别是在坦盟尚未设立支部的地区,中央办公委员会时常向当地殖民政府申请组织面向人民群众的演讲。例如,1956年5月,中央委员会派姆布塔·米兰多(Mbuta Milando)前往坦噶省筹办省级代表大会。会议在科罗圭召开,会后进行了领导班子的选举。M. M. 基赫勒(M. M. Kihere)当选为主席,埃利亚斯·阿莫西·基森格当选为书记。主席和书记随后在坦噶设立了第一个省级办公处。然而,有三个重要问题需要加以考虑。

首先,虽然在组织上坦噶省的坦噶尼喀非洲人协会办公处改编为坦盟的办公处,但实际上坦盟在该地区的影响力仍旧有限。其次,有一批以 E. A. 基森格为代表的党员挺身而出,致力于坦盟的宣传与发展。第三,尼雷尔在坦噶各地视察走访,扩大了坦盟在当地的影响力。1956年1月初,坦盟主席尼雷尔在中央办公委员会成员拉贾布·迪瓦尼和提提·穆罕默德(Titi Mohamedi)的陪同下在坦噶省进行了走访。这次走访视察,使沿途很多坦噶省人民对坦盟有了一定的了解，许多人欣然决定加入坦盟。然而，也有一些地区的殖民地官员仍不允许尼雷尔在他们的辖区组织公开演讲。比如在伍加（Vuga）和乌桑吉（Usangi），尼雷尔就没有获准举行公开演讲。在坦噶省的走访结束后，尼雷尔继续在坦桑尼亚其他省份走访。中央办公委员会就是通过这样的方式在全国各地对坦盟进行宣传和推广的。

尼雷尔是一位出色的演说家，他的每次演讲都能进一步扩大坦盟的影响力。由于出色的表达能力，他往往能够说服听众，深深地鼓舞人心。这些听众不仅决定自己加入坦盟，而且还主动前往尼雷尔等坦盟领导人没到过的偏远地区，向那里的人民宣传坦盟的思想。尼雷尔不再只是一个名字，而像是一句口号传遍了城乡各地，影响了老弱妇孺。林迪省的尤素福·奇恩贝拉曾对尼雷尔的个人魅力和领导才能表示肯定，并认为尼雷尔完全有能力左右斗争的大势。他讲道：

> 在林迪省设立坦盟办公处后，下一个任务就是发展党员。这项从 1955 年启动至 1956 年完成的工作难度极大。在这项工作中，省办公处能做的仅是一些纸面工夫。一直以来，我们坦盟都不敢公开地反抗殖民主义，始终没有举办过全体代表大会。1957 年，为了唤醒人民的政治意识、消除人民的恐惧，我们的省支部派出阿里·易卜拉辛（Ali Ibrahimu）和拉希德·姆蓬古（Rashid Mpungu）两位代表去达累斯萨拉姆的坦盟中央办公委员会邀请尼雷尔前来视察走访。

　　1957 年,在林迪省,也就是南部省区,第一次全体大会召开,尼雷尔在会上发表演讲。这次激动人心的大会参与者众多,其中还不乏一些亚洲人的身影。会议在一个原高尔夫球场召开,此地现改建为足球场。听过尼雷尔的演讲后,人民群众都不再担忧害怕,并且认为坦盟就是另一种形式的马及马及起义。了解了坦盟鲜明的宗旨和斗争目标后,很多人加入了坦盟。通过召开全体会议宣传推广坦盟的新篇章已然开启。然而,殖民者却屡次三番以各种理由阻挠会议的召开。

　　1958 年,尼雷尔在林迪省走访途中发生的一件事进一步证实了坦盟的力量和人民对尼雷尔的爱戴之情。尼雷尔第三次视察的目的地是林迪市。尼雷尔抵达那天,热情激动的人民纷纷前往机场迎接。坦盟党员巴卡利·本·赛义德(Bakari bini Saidi)之子在人群中因踩踏身亡。当时正在乘车前往机场的巴卡利被人拦下。在看过儿子的尸体并得知死因后,他讲道:"将孩子的遗体送回林迪市,明天下葬。现在我要去机场迎接党的主席了。"①

女性在这些政治活动中并不占优势,但这不意味着女性与男性

---

① 1974 年林迪市尤素福·奇恩贝拉的叙述。

在能力上存在差异。女性在政治参与上落后是几个世纪以来男性对女性的歧视和压迫的结果。拉贾布·迪瓦尼认为,直到 1955 年 6 月英国工党成员约翰·哈奇(Yohana Hechi)访问坦桑尼亚并在姆纳兹姆莫加(Mnazi Mmoja)发表公众演讲之前,所有有关女性问题的规定都只是一纸空文。约翰在演讲中细数坦盟所付出的努力,这让群众,特别是学者感到惊讶和兴奋。演讲之后,约翰询问坦盟的领导人是否考虑过让妇女参与争取独立的斗争。当他被告知"没有考虑过"时,约翰强调了女性参政的重要性,并指出:"没有女性的参与,独立不可能实现。"在此之后,各方才开始争取女性在政治上的参与权。提提·穆罕默德就是一个例子。由于她的丈夫并不反对她在坦盟担任领导岗位,提提与其他党内领导一起参与了所有的视察访问之行。她的主要任务是吸引和鼓励女性入党。在视察访问过程中,女性党员都非常积极地参与到接待和协助工作中去。可以说,全国各地的女性积极响应了坦盟的号召。

迪瓦尼让女性参政的想法是受到约翰·哈奇的启发。1954 年版的坦盟党章第四章第(f)条党员身份中也谈及了团结女性的问题。但即便如此,这项规定的推进并不顺利。据基森格所说,1956 年坦噶省之行是提提·穆罕默德的第一次随行出访。当时尼雷尔和拉贾布·迪瓦尼视察访问的第一站是坦噶省,提提陪同出行。迪瓦尼和基森格的说法相互印证,如此看来,迪瓦尼的解释有足够的真实性。

省、县的党总支部负责在村庄一级设立党支部,但这项工作并不简单。在独立之前,坦盟的支部数量很少,党员人数也不多,但并不意味着人民对坦盟不了解。这种情况是由多种因素造成的。在乌苏库马(Usukuma)全区以及其他部分地区,坦盟是一个违禁组织。一些人因为无力支付入党费和每年的党费而没有加入坦盟。他们不是坦盟的反对者,反而是坦盟在精神和行动上的支持者,他们乐意捍卫坦盟。有一些人的党员身份需要保密。还有很多人仅在精神上支持坦盟而不入党,但他们相信坦盟有能力领导国家走向独立,以后也有能力维护人民的尊严和经济利益。但也有少部分人尽管了解坦盟、懂得国家独立的重要性,依旧反对坦盟。这些人要么是深受殖民主义者的蛊惑,要么是思维僵化,刻板地认为一个发达国家必然是多党制国家。

很多人早先加入了其他组织,在他们的原组织并入坦盟之后,他们也成为坦盟正式的持证党员。例如,成立于 1955 年 10 月 10 日的坦噶尼喀劳工联合会与坦盟保持着密切的联系。根据坦盟党章,坦盟欢迎坦工联所有成员加入坦盟。同样,坦噶尼喀双亲协会(TAPA)自 1955 年成立之日起就加入了坦盟。另有其他专业领域的协会和组织受 1953 年法令所碍不能以协会的身份加入坦盟,也不能公开地宣传坦盟,但对于其成员而言,这些协会本身就是坦盟的重要宣传工具。还有一些农村地区的坦盟领导软硬兼施,迫使村民缴费入党。虽然这确实有助于坦盟的发展壮大,但中央办公委员会对于这种强迫入党的行为表示反对。

虽然 1954 年版的坦盟党章明确规定入党自愿,但很多基层支部书记将党员证作为市场的准入证,阻挠没有党员证的商贩进入市场,无论男女。这种情况在农村地区尤甚。基层书记们如此蛮横地公然违背党章,一是因为他们的津贴多少与他们介绍新党员的能力直接挂钩,二是因为当时所有人民都开始意识到并认可坦噶尼喀非洲民族联盟是一支能与殖民主义作斗争的力量。尽管此举与党章相悖,但在反对殖民主义的斗争中却为党所容忍。因为这样的方式促进了坦盟规模的扩大,在这样的时代背景下,理解党章的含义显然不比扩大党的规模更为重要。

除了上述各方付出的努力,坦盟的传播还依靠了其他途径。在很多地区,宣传坦盟、建立党支部的工作是由一些对坦盟党章不甚了解的人来进行的。例如,坦盟在达累斯萨拉姆成立初始,普通的群众就在基戈马省和莫罗戈罗省基隆贝罗区(Kilombero)的伊法卡拉(Ifakara)设立了两个党支部。殖民当局借此机会诟病坦盟的领导能力。坦盟不能放任局面继续混乱发展,任由殖民当局指责。于是帕特里克·库南比和萨达尼·坎多罗受坦盟的派遣,分别前往伊法卡拉和基戈马帮助当地民众了解坦盟为何要设立基层党支部,以及如何设立党支部。①

虽然坦盟的创始人之一帕特里克·库南比和文森特·姆蓬吉

---

① 姆维尼姆瓦·金加鲁的自述。1961 至 1963 年金加鲁曾任坦盟区支部书记,目前他居住在达累斯萨拉姆的基农多尼(Kinondoni),以做出租车生意为生。

（Visenti Mponji）作为莫罗戈罗省党支部负责人肩负着在当地发展党员的职责，但实际上坦盟在该省的推广却并不是由他们来进行的。早在坦盟成立的消息尚未传到农村地区时，姆维尼姆瓦·金加鲁等人已经在基诺来乡（Kinole）召开了一次群众大会。他们不清楚党章为何物，也不知道莫罗戈罗省支部办公处的存在。但他们在大会上便成立了坦盟党支部，随后姆维尼姆瓦·金加鲁被选为支部书记。①

　　为了追求进步，支部派姆维尼姆瓦·金加鲁和穆罕默德·马高塔（Mohamedi Magota）前往坦盟党总部学习党的所有重要经验和相关信息。早前他们召开群众大会、成立基诺来乡党支部时，加入支部的党员们都没有党员证。这次两人在达累斯萨拉姆学习时见到了坦盟的副主席约翰内斯·鲁皮亚。鲁皮亚问两人为什么未能与莫罗戈罗市区的坦盟党领导取得联系，得到的回答是他们当时并不知道这些人在负责党的推广和发展。② 这个例子可以表明在发展党员、推广坦盟方面，群众比党内领导更富有活力。

　　次日上午拿到坦盟的党章和党员证后，两人就启程回到基诺来。他们在当地向党员们讲解了坦盟的宗旨后，党员们纷纷缴费领取党员证。为了提交党员名单、上缴党费，金加鲁再次前往达累斯萨拉

①　姆维尼姆瓦·金加鲁的自述。1961 至 1963 年金加鲁曾任坦盟区支部书记，目前他居住在达累斯萨拉姆的基农多尼（Kinondoni），以做出租车生意为生。
②　同上。

姆。这次他带回的1 000张党员证又很快在各地发放完毕。第三次
达市之行,他拿到了1 500张党员证。回到莫罗戈罗后,他将所有党
员证交予省支部书记文森特·姆蓬吉签字,并将其中500张托付给
萨罗姆·斯瓦拉(Salumu Swala)保管。

姆维尼姆瓦第四次前往达累斯萨拉姆时,助手穆哈默迪·胡赛
因·马高塔(Mohamedi Huseini Magota)随他前去。如往常一样,他
们提交党员名单和党费后,又拿到了2 500张新的党员证。但是他们
在返程时遇到了麻烦:

> 我们被反坦盟的间谍盯上了。凌晨一点左右,我们一
> 到达鲁伏(Ruvu)火车站,两名欧洲人和一队本地士兵就在
> 火车车厢内对我们实施了抓捕。他们将我们连同行李一起
> 带到火车站的一栋建筑里。我们按照命令脱掉所有衣物,
> 扶着墙接受搜查。他们在行李箱中发现了坦盟给我们支部
> 调拨的经费,随后又在行李包里找到了2 500张党员证。
> "我们收到的任务是在莫罗戈罗逮捕你们。现在我们要带
> 你们回达累斯萨拉姆,明天再把你们送回莫罗戈罗交给相
> 关负责人。但是,我们不知道你们到底做了什么!"我们坐
> 着两辆军用摩托回到达市,然后被关押在达市火车总站附
> 近,也就是原中央警察局所在地。第二天,我们被押送回莫
> 罗戈罗。我们两人与早前被捕的我的兄弟阿里·金加鲁

（Ali Kingaru）关押在同一看守所内。关押了一段时间后，我们被带到狱警警长的办公室。屋子里除了警长，还有很多欧洲警察。警长只不屑地瞥了我们一眼，就命令将我们再带回牢房。

当晚十点钟，我们被送上法庭。宣读我们罪状的是一位失去右臂的欧洲法官，人称"独臂"（Kikono）。独臂法官读道："你们的罪名有四项：（1）你们企图杀死所有的欧洲人。（2）你们强迫人民加入坦盟。（3）你们违背人民意愿，采用恐吓手段使其入党。（4）你们鼓动人民拒绝使用梯田耕种法——导致警察介入，并在马通博（Matombo）致一人中弹身亡。据此，你们将被拘留；但拘留地点并不在本省，而是在多多马。"

当晚凌晨一点，我们戴着手铐脚镣被警用摩托押送往多多马。早晨，我们刚一抵达多多马就被拘留入狱。我们总共有五个人：姆维尼姆瓦·金加鲁，阿里·金加鲁，穆哈默迪·胡赛因·马高塔，穆罕默德·塞内伊（Mohamed Senei）和穆罕默德·米恩楚姆（Mohamed Minchumu）。经过了两个星期，或者两个多星期的调查取证，我们被传唤到莫罗戈罗省听审。为了避免出现在莫罗戈罗火车站，我们先乘坐火车抵达姆卡塔（Mkata），随后换乘摩托车。我们经由小巷，约莫于晚上九、十点钟到达莫罗戈罗。又被关押了三四天之后，我们的案件开庭了。审判持续了二十多天。法官宣判时说道："尽管你们的证人们证词真实，尽管政府一方的证据无效，我还是不能判你们无罪。你们每人将服刑两年零四个月。多保重。"宣判后，我们被带到多多马的伊桑加（Isanga）监狱服刑。

经过上诉，我们获得了一年的减刑。我们的诉讼律师巴利亚（Baria）是一位住在莫罗戈罗的亚洲人。我们用坦盟支持者的捐款向他支付了 3 000 先令的律师费。彼时我们已经入狱一年有余。后来穆罕默德·米恩楚姆被宣判无罪。他出狱后返回莫罗戈罗的家里。而我们四人仍然留在狱中。就在刑期将满的四五天前，戴着手铐脚镣的我们被带到多多马警察总局。在那里，我们见到了警察局长森戈森戈（Singasinga）。他说："根据爱德华·川宁总督（Gevana Edwardo Twainingi）的命令，你们出狱后不能返回原籍莫罗戈罗。你们将途经姆万扎和布科巴，最终被送达比哈拉姆洛，并将在那里度过余生。"抵达比哈拉姆洛之后，我们四个戴着镣铐被领到县长亚当的办公室。"他们还戴着镣铐呢，你为什么就把他们带来了？"县长对着警察斥责道，"先把他们带出去，解开镣铐之后再来见我。"镣铐被打开后，我们又回到县长办公室，在他面前站好。县长对我们说道："抓你们来这里并非我的本意，但政府的命令不可违背。这里就是你们的家了。这个地区非常安定，没有坦盟的纷争之乱。从前你们做的那些恶事比杀人还罪大恶极。现在你们将在城里获得一套和当地人一样的房子，每月发放 40 先令的津贴。除此之外，你们还有一块可耕地，有了收成之后你们就可以自给自足了。"我们随后开始耕种木薯、香蕉和菜豆，这些作物的长势很不错。他还威胁我们道："严禁你们与当地人有任何接触。如果有人看到你们与当地人交谈，那将招来杀身之祸。"

在我们被交给史蒂芬·赛义德(Stefano Saidi)管理之前，县长问我们："你们想见你们的妻子吗？"我们表示肯定。随后我们的妻子和孩子被接过来。1956 至 1958 年，我们一起住在比哈拉姆洛。1958 年初，坦盟代表大会在塔波拉召开。会后的一天，有位邮递员过来告诉我们去一英里外的港口。县长说："从今天起你们就自由了。可惜我们没有车，不然我们立刻启程，一天之内你们就能回到家乡了。"我们回到住处收拾打包，巴士来的那一天，我们带上行李原路返回。我们在比哈拉姆洛的生活类似于监禁，所以与当地人没什么交情。但在城里开商店的拉玛达尼·尤素夫(Ramadhani Yusufu)除外，我们还能借用他店里的物件。还有来自坦噶的史蒂芬·赛义德。他是一个心地善良的人，他不仅同情坦盟，而且常常和我们聊天，宽慰我们。每次他去尼亚米兰贝湖（Nyamilembe），都会带几条鱼回来看望我们。[①]

坎多罗等人最先将坦盟带到乌苏库马地区，他们也参加了1958年的坦盟代表大会。现在的乌苏库马地区包括姆万扎和希尼安加两省。但在1954年时，希尼安加省、姆万扎省、马拉省和西湖省同属大湖区（Jimbo la Ziwa），其中姆万扎省为行政中心。

20世纪50年代，殖民者针对乌苏库马地区的农民颁布了众多剥削性的规定，乌苏库马人民的政治意识因愤怒而高涨。乌苏库马人是主要的棉花生产者，也是主要的牧牛民族。殖民法令强迫牧民宰牛以减少牲畜数量。大部分的牛肉都供应给坦噶尼喀肉类加工厂，给英国人提供牛肉。英国殖民者也掌握牛肉和棉花的定价权。因此，毫无疑问，牛肉的定价一定会偏向英国殖民者一方。垄断商业领域、拥有多家棉花加工厂的印度人与殖民者交好，所以他们的意见也会对定价产生一定的影响。

忍无可忍的乌苏库马农民率先采取了行动。为了维护经济利益，他们成立了合作社。一批有领导才能的人在兴办合作社的过程中涌现出来，人民的政治意识也在合作社的影响之下逐渐高涨。基格瓦（Gigwa）女士等人曾表示，对他们而言，坦噶尼喀非洲人协会似乎是一支值得依靠的解放力量。因此坦盟成立之时，已经有了相当

---

① 姆维尼姆瓦·金加鲁的自述。1961至1963年金加鲁曾任坦盟区支部书记，目前他居住在达累斯萨拉姆的基农多尼（Kinondoni），以做出租车生意为生。

程度的政治意识觉醒的乌苏库马人民就对坦盟表示了支持和欢迎。

乌苏库马人民的政治意识觉醒也引起了殖民者的警惕。为遏制民众政治意识的进一步增强，殖民者很快就采取了措施。坦盟在姆万扎和马拉姆帕卡（Malampaka）的省支部被关停。1954年11月，其他支部被吊销了集会许可。深受人民爱戴的坦盟省支部常务秘书萨达尼·坎多罗被殖民当局以"不受欢迎"之名驱逐出乌苏库马。总之，坦盟在乌苏库马地区被全面禁止。殖民者的种种举措适得其反，他们越是阻挠，乌苏库马农民心中的斗争之火燃得就越是猛烈。

在打击坦盟势力的过程中，殖民者有过许多重大错误。首先，殖民者没有意识到20世纪50年代时本地人民的反殖民政治意识觉醒已经是全国大势，因此仅在乌苏库马一地严打坦盟无法阻挡全国范围内的觉醒。其次，在坦桑尼亚，特别是乌苏库马地区的殖民当局未理解资本主义的大潮流。他们没有意识到旧殖民主义大势已去。此时帝国主义的目标应是允许政党发展，促进殖民地国家实现形式上的独立，并借此机会为发展新殖民主义培养傀儡。

这一时期殖民政府犯下的另一个错误是开始推行三级种族议会制。为了推行这一制度，殖民者变本加厉地加深本地农民和本土殖民官员间的隔阂。盖塔县的威廉·伊奇维克乐兹（Wilihemu Ichwekeleze）在接受访谈时表示："1958年初，为讨论如何巩固三级种族议会制，乌苏库马地区的所有本土殖民官员在马尔亚（Malya）召开了一次会议。一些来自乌苏库马其他地区的本土殖民官员与盖塔的殖民官员有相反的立场。他们反对这一制度，谴责该制度的支持者，并且还戏谑地将那些支持者们称为'娘们儿'。"[①]

为了确保盖塔本土殖民官员对三级种族议会制的支持，盖塔的长官内维尔·弗兰奇（Nevil Frenchi）要求本区域内的所有本土殖民官员深入基层劝说人民接受这一制度。他本人也到盖塔县所有村镇走访视察，以确认每位本地官员都各尽其职。在伊奇维克乐兹的影响下，穆萨拉拉（Msalala）的本土殖民官员阿布达拉·查萨姆瓦（Abdala Chasamwa）决定加入坦盟。后来有一天，为查明到底是谁在反对三级种族议会制的推行，弗兰奇和手下的一众本土殖民官员在穆萨拉拉召开了一次民众大会。

伊奇维克乐兹等人事先做好了充分的准备。伊奇维克乐兹被推选为群众发言人，代表大家抨击三级种族议会制。弗兰奇的讲话刚一结束，伊奇维克乐兹就站起来对不平等的混合政治进行了强烈的批判。阿里·奇丰达·鲁库巴（Ali Chifunda Lukuba）赞同伊奇维克乐兹的观点，表示他可以接受这种议席分配方式，前提是他必须与印度人塞莱玛尼·曼吉（Selemani Manji）之女成婚。而此时的阿里·鲁库巴已经年逾七十。当晚，所有自由派的地区官员都受邀前去酒吧一聚，殖民政府希冀用免费的啤酒收买人心，但这种方式毫不奏效。

穆萨拉拉反对事件发生五天之后，布乔萨镇（Buchosa）小有名气

[①] 伊奇维克乐兹的叙述。

的自由派斗士赫泽罗尼·马卡兰加·姆潘达察洛①前往穆萨拉拉拜访伊奇维克乐兹，学习借鉴该县人民反对三级种族议会制的斗争经验。继他之后，来自布科夸（Bukokwa）的罗伯特·布彼马（Roberti Bupima）也前来学习了相关经验。

乌苏库马是殖民者最先开始施行三级种族议会制的地区之一。殖民者在乌苏库马地区创立了坦噶尼喀联合党（UTP）——这一最不受群众欢迎的政党，还用三级种族委员会来行使权力。在盖塔县，除了加入坦盟的穆萨拉拉的姆特米酋长阿布达拉·穆萨·恩泽拉（Abdala Musa Nzera），所有的本土殖民官员都在支持实行三级种族议会制的文件上签字。他们包括布库里（Bukori）的穆加米拉·农加（Mgamila Nonga）（三级种族委员会的主席）、乌桑比罗（Usambiro）的萨莱西·卢多米亚·姆亨达（Salesi Ludomia Mhinda）、姆温吉罗（Mwingiro）的马蓬布（Mapumbu）、布乔萨的保罗·鲁卡哈扎（Paulo Rukakaza）、卡鲁姆（Karumo）的格瓦西·W.尼亚亚尼莫（Gervasi W. Nyayanimo）、布扬贝（Buyombe）省的代理殖民官员保罗·R.姆克阿（Paulo R. Mkoa）以及盖塔城区的利瓦利佩特罗·尼扬戈（Petro Nyango）。

本土殖民官员的这一举动让人民大失所望，他们果断决定采取措施进行自救。此时，他们清楚地认识到，那些与殖民政府合作的本土殖民官员不是人民的领袖，而是叛徒和走狗。虽然盖塔县县长对

---

① 盖塔区伊奇维克乐兹和赫泽罗尼·姆潘达察洛的叙述。

本土殖民官员的联名签署非常满意,以为盖塔本地的人民已经接受
了三级种族议会制,但事实并非如此,本地人民的自我解放意识愈发
清晰和强烈。担负起领导职责的姆潘达察洛等人召开了一次秘密会
议。在会上,他们决定去找姆万扎立法委员会的委员们反映盖塔区
的混乱局势。他们在达乌迪宾馆(Dawudi)筹划姆万扎之行,并在临
行前召开了第二次秘密会议。

图2 1958年姆万扎盖塔区的勇士们召开第二次秘密会议时留影。前排右起:埃努雷·
尼安达(Henure Nyanda),赫泽罗尼·姆潘达察洛,威尔逊·N. 恩维亨迪(Wilisoni
N. Ng'wihendi),威尔逊·马索塔·布努马。后排右起:奥古斯丁·基本德拉
(Augustini Kibendela),罗伯特·布皮纳(Roberti Bupina),雅各布·布贝莱(Yakobo
Bubele),阿尔伯特·姆哈亚(Alberti Mhaya)。

　　1958 年 5 月，姆潘达察洛等人代表布乔萨镇，伊奇维克乐兹代表
穆萨拉拉镇共同参会。在讨论所面临的问题并商定下一步的打算之
后，第二天一早他们按计划启程前往姆万扎面见议员代表。根据姆潘
达察洛的口头和文字叙述，在他们去姆万扎之前，尼雷尔曾到访过盖
塔县。尼雷尔走访了盖塔县布科夸（Bukokwa）、卡桑穆瓦（Kasamwa）
及其他几个乡镇，但他的盖塔之行并没有获得与民众交流的许可。
在卡桑穆瓦镇时，尼雷尔在威尔逊・马索塔・布努马家中吃过午饭，
短暂休息后就启程继续前往盖塔和比哈拉姆洛的其他地区。为与乌
干达吉瓦努卡（Kiwanuka）[1]和联合国通话，盖塔县的人民集资为尼
雷尔支付了电话费。

　　到达姆万扎之后，盖塔的独立战士们面见了保罗・博玛尼和 S.
C. 罗伯逊（S. C. Robertisoni）。面见保罗・博玛尼的程序并不复
杂，但是会见殖民者罗伯逊却有一套特殊的流程。他们必须按照他
的规定逐个入内谈话。在此引用伊奇维克乐兹对此过程的描述：

　　　　来自布乔萨的同志们首先面见罗伯逊。因为他们都代
　　表同一个乡镇，所以获准一起进去。等他们出来以后，我问
　　他们谈话进行得如何。他们回答我，等我自己进去就知道
　　了。但是他们告诉我，罗伯逊是个英国殖民者，他只讲英

————————————

① 乌干达首任总理。——译者

语。和我同行的同志们有的会讲英语，而我却对英语一窍不通。我还是毅然决然地走进了他的办公室。进去的第一件事，我便向他表示我不会英语。他叫来了一位翻译。随后我们交流了盖塔县当前面临的问题。他说盖塔县县长已经向他保证过盖塔县的情况一切顺利，他请我展开讲一讲盖塔人民的具体问题，他将视情况决定是否要亲自去盖塔县视察走访。我将盖塔人民的诉求总结为以下几点：

（1）盖塔人民强烈反对三级种族议会制。

（2）我们要求在盖塔县以及乌苏库马全境恢复坦盟的正常活动。

（3）先前我们的土地被掠走并分配给定居在此的欧洲人和印度人，现在我们要求将其归还非洲本地人。

（4）待到坦盟支部设立之时，我们希望在政府任职的本地公务员也能有成为坦盟党员的自由。

（5）我们反对人民正在遭受的一切不公正的待遇。

说完这些，我便与他道别，离开了办公室。但我忽然萌生了一个念头，我要将刚才所讲的民意直接转达给坦噶尼喀的英国殖民总督。于是，我径直前往了邮局。

我用斯瓦希里语写了一份草稿，但邮局工作人员告诉我只能用英语通话。我只得向保罗·博玛尼求助。他毫不迟疑地同意了我的请求，但为了避免招致殖民者对他的怀疑,我同意了他让我在送往邮局之前再手抄一份译稿的要求。因为一旦殖民政府怀疑他的立场,或者他涉嫌煽动盖塔独立军反对殖民主义,那么他将麻烦缠身,我们未来也将失去他的支持和帮助。1958年5月20日,总督府的秘书长接听了我的电话。电话中我向秘书长解释了盖塔县县长正在使用武力和威胁的手段进行统治,并请求他向盖塔派遣调查组,由我,伊奇维克乐兹,代表盖塔全体人民签字。

　　这通电话拨出大约十天以后,顾问将我传唤到殖民机关的法庭,确认我是否就是那位向达累斯萨拉姆打电话的人。我表示确认。我反问他,为什么问我这个问题,我的电话内容没有任何不妥之处。他也表示同意。他又问我,相比起打电话,写信的方式更为隐蔽,我为什么会选择前者?他还询问了我的受教育水平。我如实相告,我于1933年小学六年级毕业。他用殖民者惯用的老一套问我:"还有什么你不满意的地方?"随后他请求我一同前往面见县长弗兰奇,并承诺给我一份体面的工作。我明白,他是在收买我。我若是接受收买,就意味着背叛了盖塔人民和坦盟的不懈斗争。所以,我回到盖塔之后,再没有去面见县长,也没有理会那份顾问先生应允给我的体面工作。

姆万扎之行后,来自盖塔县各地的代表们决定再次召开秘密会议，会议地点定在了威尔逊·姆维亨迪（Wilisoni Mwihendi）的家中。六十多名代表参加了这次秘密会议，其中罗伯特·布彼马被选为会议主席，姆维亨迪被选为书记员。经过长时间的讨论，会议最终决定用写信的方式向达累斯萨拉姆的总督表达民意：盖塔人民强烈反对实行三级种族议会制。但是深受盖塔县县长和姆万扎省省长蒙蔽的殖民总督回函斥责了盖塔县独立军的领导人，并表示除了姆潘达察洛、伊奇维克乐兹、布彼马和姆维亨迪等人领导的个别小群体从中作梗，盖塔人民对三级种族议会制并无异议。根据姆潘达察洛的说法，乔治·卡哈马（Joji Kahama）和保罗·博玛尼两位议员随后在立法委员会上就总督的批示提出反对意见，并建议向该地区派出一个民情调查小组。按照他们的提议，立法委员会组建了一支盖塔地区三人调查组。

得知这一消息的盖塔人民马上开始着手准备。独立军建议将卡通古鲁（Katunguru）、卡桑姆瓦、布科夸作为调查小组的走访地区。活动当天，人民都如期聚集在以上三地等待调查组的到来。而且为了保证调查当天的秩序，确保民意的有效传达，海兹罗尼·玛卡朗加·姆潘达察洛被选为民意代表，代表全体人民发言和维权。盖塔人给他专门制作了一件羊皮衣，这件衣服象征着他有别于一众本土殖民长官，是盖塔地区民心所向的领导人。

不知为何，三人调查组并没有如期而至。等候多时的民众见调查组到来无望，决定让姆潘达察洛为大家做一次演讲。人民为他披上象征领袖地位的羊皮衣后，他开始讲话，与会民众都仔细聆听。

这是一次具有历史意义的集会。因为这是盖塔人民第一次违反殖民法律，公开支持并参加坦盟组织的民众大会。姆潘达察洛开场就提醒民众，接受三级种族议会制就是接受了落后、压迫、苦难和奴役。届时，所有的盖塔人都将如奴隶一般，每个人的脸上都将被打上烙印，以此来表明他是哪位欧洲人的附属品。同时，他表示一旦接受三级种族议会制，盖塔地区势必将受到坦噶尼喀其他地区的孤立。因此，为了盖塔人民和全坦桑尼亚人民的安宁福祉，他们的主要斗争目标就是反对三级种族议会制、加入坦噶尼喀非洲民族联盟。在这次集会上，姆潘达察洛捐出 1 600 先令，用于与联合国通话，反映盖塔人民对于三级种族议会制的抵制态度和立场。后来欧内斯特·瓦巴努（Ernesti Wabanu）负责去打了这通电话。在演讲的最后，姆潘达察洛与在场人民交代道，他有一位妻子和两位已经成年的孩子，若他身陷囹圄或遭遇不测，那么他的家人将由坦盟代为照顾。由于姆潘达察洛的宣传，坦盟成为盖塔地区领导独立军的组织。

参加这次集会的还有姆万扎省的总检察长①、盖塔县县长、盖塔县警察局局长，以及一队驻扎在不远处的治安警察。他们不仅想探听集会上的具体内容，更想看看这群独立战士能否在未经政府允许的情况下成功组织集会。但对于人民而言，既然决定了为追求自由

---

① 他为现任县书记。

和解放而斗争，他们便心无所惧。

结束之后，姆潘达察洛在众人的欢呼声中被高高举起。人群渐渐四散离开，姆潘达察洛也准备与雅各布·布贝莱一同回到卡莱贝佐（Kalebezo）。殖民者一时不知该如何是好，情急之中，他们决定抓捕姆潘达察洛等群众集会的领导者。但殖民者深知绝不能在众目睽睽之下动手，于是他们暗中对姆潘达察洛进行跟踪。午夜 12 点，省侦查局局长和盖塔县警察局局长敲开了布贝莱的家门，询问姆潘达察洛是否在屋内。没有任何拖泥带水的交涉，姆潘达察洛自己走了出来。一队在屋外待命的警察以未经许可组织集会的名义将他逮捕。被控制住的姆潘达察洛大义凛然地说道：

> 当人们决计主宰自己的生活，即使是子弹的威慑、法律的约束也无法阻止他们。没有人煽动，盖塔人民不约而同地选择为了追求自我解放而斗争。我们不是为殖民者服务的本地官员，我们是民心所向的人民领袖。我们在领导一场除了自由，任何力量都无法平息的斗争。

姆潘达察洛在卡莱贝佐的商店里遇到了被关押在此的其他同志，雅各布·米科曼格瓦（Yakobo Mikomangwa），泽布罗尼·米科曼格瓦（Zebroni Mikomangwa），玛夏乌里·卡巴迪（Mashauri Kabadi），约瑟夫·万加鲁克（Yosefu Wangaluke）和拉斐尔·马塔鲁马（Rafaeli

Mataruma)。一周之后,除了受到指控的姆潘达察洛和拉斐尔·马塔鲁马,其他人都被释放。坦盟的地下党员们筹款为他们支付了每人 100 先令的罚款。姆潘达察洛告诉县长,从缴纳罚款的那日起,他的名字改为"基法奇奥·瓦·姆塞托"①。

经此一乱,独立战士们反殖民斗争的决心愈发坚定。姆潘达察洛获释后立即在欧内斯特·瓦巴努家中举行了一次会议,他被选为会议主席。会议首先通过了一项决议:若姆潘达察洛被逮捕、监禁或绞死,民众要在全区范围内组织针对政府的抗议活动,抵制殖民政府及其走狗——殖民地官员。但是,姆潘达察洛强调抗议活动应采取非暴力的方式,切不可使用任何武器或暴力手段。随后,姆潘达察洛开始进行会议的关键议程,主要内容如下:

(1) 即日起,拒绝承认殖民政府的权威,拒不参与殖民政府的任何活动;

(2) 打倒所有支持三级种族议会制的殖民地官员,除加入坦盟的姆特米阿布达拉·恩泽拉之外;

(3) 捣毁三级种族议会委员会;

(4) 烧毁三级种族议会制的章程,烧毁所有相关的文字材料;

---

① 意为"三级种族议会制的克星"。——译者

（5）拒不纳税；

（6）拒不服从减少牲畜养殖数量的法令；

（7）承认坦盟是唯一的人民解放政党，加入坦盟，并义
无反顾地捍卫坦盟。

会议还决定派梅韦尔（Mayweli）和欧内斯特·瓦巴努前往姆万
扎给总督打电话，向他解释盖塔县县长弗兰奇目前的状况。在散会
之前，大家齐声高唱了一首传统的战歌，希望今后人民在与殖民主义
斗争时都能唱起这首歌。

这次会议之所以如此著名，原因有若干条。它掀开了民众反殖
民斗争的新篇章。很多盖塔人民参加了这次集会。虽然姆潘达察洛
不幸被捕且被判长期监禁与苦役，但在他的秘密领导之下，盖塔人民
用非暴力的手段获得了自由。同时，即使面对殖民者的重重阻挠，坦
盟也得以在盖塔立足。威尔逊·马索塔·布努马等人成为姆潘达察
洛之后的新一批领导人。

同往常一样，散会之后人们都各自回到家中。次日凌晨三点左
右，盖塔县警察局局长和两名警察再次逮捕了姆潘达察洛。在被带
走之前，姆潘达察洛请求警察允许他将钥匙交给妻子。等他再次出
门时，愤怒的人群已将警车包围。人民向警察提出条件：若想带走
姆潘达察洛，其他六人也必须随行。警察告诉大家，他们接到的任务
是带回姆潘达察洛一人。群众依旧坚持至少有两人陪伴同行，万一

发生不测,其余两人就是目击证人。然而,警方始终拒不接受。这时姆潘达察洛告诉大家不必坚持了,就让警察将他带走吧,但要谨记会上的那项决议:一旦姆潘达察洛被逮捕,组织民众到盖塔城区进行抗议。但人们不顾他的劝告,直接将他从警车中拽了出来。见此情形,警察局局长掏枪示威,但民众又缴下了他的枪。在姆潘达察洛的命令之下,大家将枪归还给了警察局局长。局长打开弹匣对大家解释道,手枪并未装弹,举枪仅仅是为了警示而已。最终警方抓捕姆潘达察洛的计划没有得逞。

姆潘达察洛意识到,从此以后他不能再继续领导盖塔人民的斗争了。次日,他又召集了一次会议,与他的同胞们见面告别。在临别寄语中他说道:"也许今天你们将在这里看到鲜血,但请不要用武器反抗。你们要筹集资金,将我们的代表送到位于达累斯萨拉姆的坦盟总部去。"

盖塔人民马上开始募捐,每人10先令。没过多久,姆潘达察洛的讲话还没结束,警察局局长、侦查员和顾问在一队治安警察的陪同下就到达了他家门口。警察局局长和三名士兵准备对姆潘达察洛实施抓捕,但是人们团团围住汽车想要与他告别。警察局局长发射了一枚催泪弹后,除了陪姆潘达察洛同去盖塔的三人,其他人都四散而去。

一路上,姆潘达察洛遭到了多次殴打。有位士兵用枪托猛砸他的后背,他感到剧烈的疼痛,后背肿胀得厉害,甚至要撑破他所穿的上衣。

　　到达盖塔县后，姆潘达察洛和他英勇的同志们被囚禁了起来。第二天上午，他们去警察局录入指纹。随后，姆潘达察洛被押送候审。入夜后，多辆汽车载着盖塔人民如约而至，他们对殖民主义的压迫和剥削表示抗议。看到这一幕的狱警去通知姆潘达察洛："现在事情闹大了，外面聚集了好多人。"人民按照计划进行了抗议，这让姆潘达察洛感到甚是欣慰。他叫醒了身旁的 13 位同仁，一同唱起了他们的战歌。这些英雄人物有姆潘达察洛，尼亚巴加尼·卢洪杰（Nyambagali Luhunje），代理姆特米马林迪（Malindi），库勒瓦·阿苏玛尼（Kulwa Asumani），卡特米·恩戈拉布什（Katemi Ngalabushi），多托·阿苏玛尼（Doto Asumani），瓦平多希·费莱（Wapindoshi Fele），恩戈莱加·恩德迪洛（Ngereja Ndindilo），阿贝利·马萨斯（Abeli Masasi），安德鲁（Andrea），恩瓦哈莱·阿苏玛尼（Ng'wahale Asumani），尼安达·恩坎达（Nyanda Nkanda），恩戈莱加·查芒加（Ngereja Chamanja），穆萨比拉·希林德（Msabila Shilinde）。

　　在关押期间，姆潘达察洛不仅遭受了各种酷刑，他的餐食也屡屡得不到保障。但是仍有一些政府公务员对姆潘达察洛等人的政治遭遇报以同情。例如，尼亚库萨族（Mnyakyusa）的监狱长和另一位尼亚姆维齐（Mnyamwezi）的工作人员就曾以多种方式安慰他们。还有一位切拉哈尼（Cherahani），他是在监狱里帮厨的尼亚姆维齐族犯人，出于怜悯，也会偷偷给姆潘达察洛他们送去食物。姆潘达察洛认为，这些人很有可能对坦盟和盖塔人民的斗争都抱有支持的态度。马纳姆巴(Manamba)①也同样因政治原因入狱。为了替姆潘达察洛等人争取到食物，他带领监狱里所有的囚犯进行了一次罢工。

被捕后的第三天，姆潘达察洛在外出就医的途中看到许多人排着队向他挥舞树枝示意。身边的人告诉他，接替姆潘达察洛的威尔逊·马索塔·布努马领导和组织人民进行抗议游行，他们正准备前往姆万扎向省长抗议，要求释放姆潘达察洛和他的同志们。

1958 年 7 月 26 日，姆潘达察洛等人一案在盖塔法院开庭审理。姆潘达察洛被判处九个月监禁，其他人获刑六个月。

但是宣判的第二天，监狱长就通知姆潘达察洛，他的刑期从九个月延长至十五个月。两天后，他们所有人被转移到姆万扎的布廷巴(Butimba)监狱服刑。为了避免犯人与民众碰面，转移的时间特地定在了清晨。这些英雄们在布廷巴监狱受尽了折磨。姆瓦纳马通戈(Mwamatongo)中士命令士兵殴打他们，并说道："这些盖塔人成日喊着'坦盟，坦盟，我们要独立！'，可这群不知天高地厚的家伙能为我们带来些什么？他们连根火柴棍儿都不会制造！"但是苦难、刑罚和威胁并没有让姆潘达察洛保持沉默。有一天，他向 70 多位在监的犯人讲述了坦盟的政治理念和盖塔人民的英雄事迹，在场的犯人们的政治意识被唤醒，纷纷激动不已。反坦盟势力将这一情况告知了监狱

---

① 马纳姆巴曾独立在盖塔区尼亚米利罗(Nyamililo)领导活动。

长后，当局决定将姆潘达察洛送至塔波拉监狱服苦役，其余 13 人继续关押在布廷巴。尽管受尽酷刑，但是姆潘达察洛并未放弃他的政治追求。直到 1959 年 5 月 30 日，姆潘达察洛出狱之后，才终于又见到阔别已久的盖塔人民。他像一位英雄般归来，并且很快又投身到解放斗争中去。

姆潘达察洛服刑期间被殖民者秘密关押在某处监狱中。为商讨下一步的斗争方式，布努马和每个镇的代表们一起召开了一次临时秘密会议。会议决定在盖塔城区举行民众大会，但是这一会议消息被泄漏了出去。次日早晨警察逮捕了布努马。区长对布努马进行了一番审讯，他承诺如果布努马放弃参与政治活动，将给他一份体面的工作。下午时分，布努马获释回家，但是他发现家中所有的政治文件和书籍都被没收。警察检查过这些书面资料后，再次逮捕并审讯了布努马，但他没有屈服。在关押了 21 天后，他被释放回家。

各个镇的人民按照计划抵达盖塔城区进行抗议。布努马在盖塔城区有一处房产，由他的弟弟斯坦利·布努马（Stanili Bunuma）代为照看。抗议者在那里碰头，晚上就歇在院子里。第二天早上，警察以"未经政府允许聚集多人"的名义将斯坦利·布努马逮捕。但当警察得知这处房产归威尔逊所有时，他们便将斯坦利释放，转而去逮捕了威尔逊·马索塔·布努马。盖塔县县长和利瓦利指控他非法聚众。布努马辩解道，人民的聚集并非因为他的组织，而是由于人民对自由和独立的追求。县长还要求他解散聚集在他家院子里的人群。布努马向人们解释了他家院子的局限性，又对比了在足球场举行抗议活动的优势后，人群才逐渐向足球场方向移动。

抗议群众推选了包括马达哈（Madaha）和姆维亨迪在内的六人去面见县长。县长弗兰奇首先会见了其中的一人，从他那里得知这次集会的相关信息。弗兰奇同意会见他们，但前提是威尔逊·马索塔·布努马不能同行，必须另选出一人代替他的位置。六人代表团到达盖塔的时候，他们提出了自己的诉求：反对三级种族议会制，抵制本土殖民官员的间接统治，并且强烈要求释放所有在押的坦盟党员。但是县长表示，他既无权叫停三级种族议会制，也无法改变本土殖民官员的行政安排，更对释放犯人一事无能为力。他建议他们派人去姆万扎省长处碰碰运气，说不定他们的诉求会得到些许回应。

于是，盖塔人民决定去姆万扎向省长瓦尔登（Wadeni）继续抗议。但基滕格·马沙拉（Kitenge Mashala）提出，启程之前给每人一周的时间回家将棉花出售的事宜处理妥当。第八天时，所有人都应当做好出发的准备。违反这一约定的人将被罚五桶酒、一头牛或者接受其他形式的惩罚。这项提议得到了大家的一致认可。没过几天，盖塔人民纷纷聚集到尼亚马格纳足球场，很多姆万扎和马古的人民也对他们表示支持。足球场上的抗议活动从 1958 年 7 月 21 日持续到 7 月 25 日，次日刚好是姆潘达察洛接受审判的日子。

抗议活动结束后的第三天，选举产生了由威尔逊·马索塔·布努马、W. 姆威亨迪、萨利姆·哈萨尼（Salimu Hassani）和雅各布·布

图3 1958年7月21日至25日,盖塔的独立战士们在尼亚马格纳足球场(uwanja wa Nyamagana)集会,很多姆万扎和马古(Magu)人民对他们表示支持。

贝莱等人组成的八人代表团。他们对姆万扎省长重申了同样的诉求,但省长毫不松口,并建议他们去面见坦噶尼喀总督。实际上,省长瓦尔登在心中认定这群抗议者一定会因经费不足而偃旗息鼓。他随后补充道："你们都可以去达累斯萨拉姆，但是如果你们在不出体育场的情况下，在一个小时之内筹集到足够的钱，我愿意为你们安排一列火车。"代表团接受了这一提议。

不到半小时，体育场内的同志们就凑够了 6 800 先令。虽然这笔钱足够为六个人的代表团租一架飞机，但是大家商议后决定仅派出由威尔逊·马索塔·布努马、奥古斯丁·马达哈（Augustino Madaha）和西蒙·恩古萨（Simoni Ngusa）组成的三人代表团前往达累斯萨拉姆。据说，扣除路费后剩下的 1 800 先令全部交给了坦盟的总部。代表之一西蒙·恩古萨的政治立场不太坚定，常有两面派的作风。

三人代表团抵达达累斯萨拉姆机场时，尼雷尔亲自前去迎接。代表团下榻公主酒店（Hoteli ya Prinsesi）。殖民当局派来监视他们的探员姆特塞拉·特瓦莱（Mutesela Twale）是盖塔本地人，他警告代表团不要与无关人员交谈。次日，代表团前往坦盟总部，请求与坦噶尼喀总督会面。当时总督正在出差，秘书长、地方行政长官和另一位高层领导人接见了他们。陪同三人代表团一起前来的卡瓦瓦被拒绝参与会谈。卡瓦瓦离开后，一通来自姆万扎的电话中断了会谈，电话中说足球场的抗议活动形势不妙，民众被催泪弹击中，产生了大量人员伤亡和财产损失。次日，局势平息的消息传来，双方的会面又继续进行。

三位代表挨个与当局进行谈话。担任本地代理殖民长官的马达哈是第一位谈话者。马达哈的立场坚定，他支持坦盟，反对三级种族议会制。但对方认为他提出的诉求就像一位受到歧视和压迫的人发出的抱怨。他因此被解除了代理殖民官员的职务，随后又因案入狱。

第二位谈话者是西蒙·恩古萨。当被问及有何不满时，恩古萨回答道："我们别无所求，只是我们盖塔县县长的治民之道远不如总督府的友善。等回程之后，我们会安抚群众，抗议活动也就结束了。"他的同伴们认为他这番话就是对盖塔人民斗争的背叛。在最后，恩古萨说道："非常感谢你们对我们一行人的接待和欢迎。"

布努马是最后一位谈话者。总督府问道："你有什么要反映的吗？"他答道："首先，我们受人民的委托而来，没有任何个人目的。其次，我们所说的皆为人民的心声。因此，恕我不能认同恩古萨的发言。"总督府继续问道，他是否是三级立法委员会的成员，如果不是，那么他如何得知三级种族议会制的局限性。布努马回答说，他先前对该制度一无所知，直到庆祝该制度实施之日他才对其有所了解。而他本人现在不是，并且也不可能成为三级立法委员会的成员。他们问布努马是从谁那里了解到有关三级议会制的消息。出于安全考虑，布努马对该问题拒不回答。谈话的最后，总督府一方表示，会将谈话内容转达给总督。除此之外，秘书长补充道，政府将仔细研究三级种族议会制和本土殖民官员的间接统治问题。但由于释放犯人事关法院和法律，他无法做主。同时，他还承诺将建议总督亲自访问盖塔地区，实地视察社会民生。

会谈结束后，三人代表团返回坦盟总部。他们不仅将会谈情况告知坦盟，而且还获得机会与尼雷尔交流讨论并合影留念。

图4　1958年，盖塔三人代表团与坦盟主席J. K. 尼雷尔在达累斯萨拉姆的坦盟总部合影留念。照片中右起：W. 布努马，A. 马达哈，J. K. 尼雷尔，S. 恩古萨。

尼雷尔与他们就许多重要问题进行了交流。尼雷尔问他们对盖塔理事会这一名称是否满意。成员们认为盖塔非洲人理事会更为合适，尼雷尔也表示同意。后来这一命名方式也被坦噶尼喀其他地区所借鉴。最后，尼雷尔提出了对总督视察盖塔之行的担忧，他担心总督此行能否顺利见到盖塔人民、听到真实的民情。但是代表团表示，这些不是问题，因为他们有专门的方式可以迅速将总督出行的消息传递给民众。他们请求尼雷尔主席，一旦总督的行程确定，就致电保罗·博玛尼，以便他通知盖塔的同志们。尼雷尔和保罗·博玛尼都各尽其责。总督抵达盖塔的那天，人民群众走上街头迎接总督。如此热烈的欢迎反倒令总督大吃一惊。

图 5　1958 年 8 月 8 日，盖塔总督理查德·特恩布尔（Rikardo Tanibulu）正在劝说威尔逊·马索塔·布努马代表他向民众讲话。

瓦尔登和弗兰奇在热情高涨的人民群众前显得不知所措。总督也因为害怕他曾经制定的种种政令会招致攻击而与民众保持距离。此时此刻，殖民者终于见识了人民的力量，也看到了布努马的领导是民心所向、本土殖民官员的统治不得民心。尽管布努马一再向他们保证人身安全，但警惕有加的殖民者仍旧执意让布努马代表总督与人民交流。在开始宣读总督的正式指示之前，布努马首先提醒人民遵守秩序、保持安静。此话一出，人民群众立刻安静下来，仔细聆听讲话。

图6　1958年8月8日，盖塔，布努马代表理查德·特恩布尔在人民大会上发表演讲。在这次会议上，人民群众取得了完全的胜利。

在台上的布努马负责将总督的话转述给人民。总督承诺，他本人将认真考虑盖塔人民提出的问题，尽快找到解决方案。总督要求布努马稳定民心，在他没有登上飞机之前，不要让民众离开会场。尽管布努马再次向他保证人民群众对他此行所寄予的厚望。总督说道，在盖塔地区的抗议行动中，人民始终没有使用暴力和武器来进行斗争。而一旦人民对现状的反抗迟迟得不到回应，他们必将调整斗争方式。会议结束后，人民群众散场离去。其间，坦盟的推广和发展一直在暗中进行着。坦盟在盖塔地区合法化之后，布努马当选为盖塔县坦盟支部的首任主席。

　　盖塔人民的斗争历程给我们留下了丰富的经验和教训。首先，任何对工农大众的压迫最终都将以失败告终。盖塔人民成功推翻了三级种族议会制，建立了更为民主的政治结构。在强有力的领导之下，在盖塔民族主义者的团结攻势之中，不论是被视为殖民者走狗的本土殖民地官员，还是盖塔县的县长都被连根铲除，而他们的名字则被记入档案，成为后世研究者的历史资料。

　　其次，从盖塔人民的斗争时期开始，坦盟不仅在盖塔地区争取到了独立自主，更在全国范围内取得了显著的成就。尼雷尔胜诉松盖阿（Songea）县长和穆索马（Musoma）县长后，坦噶尼喀全境人民的士气更是大振。

　　除此以外，姆潘达察洛等同志的经历也证实，解放斗争的领导人并不一定是受过专门教育的。多数情况下，在斗争中涌现出来的领导人往往更为坚定可靠。姆潘达察洛曾是盖塔斗争运动的领导人，殖民者企图通过牢狱之苦击溃他的意志，进而终结盖塔地区的斗争运动。但是他们忘记了，江山代有才人出，一旦人民决心投身解放斗争，总有人会挑起领导的责任。殖民者也终于意识到，斗争的核心力量从来不是一两位领导人，而是无数人民群众。最终的胜利永远属于多数人。这对于英国和葡萄牙殖民者而言是一个教训，对伊亚尼·史密斯[1]（Iyani Smisi）和约翰内斯·沃斯特[2]（Yohana Vosta）等

---

[1]　津巴布韦及前罗得西亚白人政治家，曾任罗得西亚总理。——译者
[2]　南非白人政治家，曾任南非总理。——译者

欧洲移民者来说亦然。

盖塔人民争取独立的种种努力得到了所有苏库马人的支持，并且使殖民政府在 1958 年承认了坦盟在乌苏库马地区的合法性。先前尼雷尔到访盖塔地区时被禁止进行公众演讲，这是殖民当局的一次决策失误。因为殖民者的严防死守反而帮助坦盟在当地扩大和巩固了影响力。

姆潘达察洛等同志既不是学者，也没有参加 1954 年 7 月 7 日坦盟的成立大会，所以他们未能像其他地区的人们一样及时地获知坦盟成立的消息。当坦盟成立的消息传到他们耳中时，这些真正的民族主义者立刻承担起推广和发展坦盟的责任，最初在地下秘密宣传，后期转为公开推广。

人民群众甚至比领导群体更早意识到推广和发展坦盟的重要性。基戈马从旅客口中得知坦盟成立的消息后，立刻要求坦噶尼喀非洲人协会将协会连同成员一并改组为坦盟的支部组织。但是坦噶尼喀非洲人协会当时的领导人却不以为意。革命者们只得从商店购买收据本以用于登记党员。[1] 正因如此，坦盟将坎多罗派往基戈马，主要负责向当地的革命同仁普及更多关于坦盟、坦盟党章以及坦盟的政策和立场等信息。

坦盟的发展和壮大还离不开坦桑尼亚的国语——斯瓦希里语的

---

[1] 源于阿尔哈吉·塔瓦卡里·卡罗赫（Alhaji Tawakali Karagho）的讲述，他的叙述与帕特里克·库南比的叙述相互印证。

推动。斯瓦希里语与各个班图社会中的语言同宗同源，在坦桑尼亚几乎所有地区都通用。因此，各地的人民不需要借助翻译就能直接交流。正是基于这样的便利性，坦噶尼喀各地的人民群众和各级官员都能够理解坦盟的建党宗旨。

如前所述，坦盟成立的消息一出，各地随即开始推广和发展坦盟。发展主要体现在两个方面，一是在地方创立坦盟的各级支部，二是人民群众踊跃加入坦盟，成为持证党员。1958 年第一届立法委员会选举时，坦盟的支部建设任务已经全面开展。

五、 走向独立

争取独立自由的形式多种多样，具体的斗争武器、方式和对象必须因时而变、与时俱进。1954 至 1961 年间，坦噶尼喀争取独立的历程异常艰难。有勇有谋、讲究方法、随机应变的坦盟领袖团体不仅增强了坦盟的领导力，更让坦盟提前取得了斗争的胜利。

在争取独立的道路上，坦盟面临了各种各样的阻挠与困难，数量之多，无法在此书中一一讨论与总结。坦盟的首要斗争任务是明确我们要与之战斗的敌人是谁。愚昧、贫穷和疾病这三大敌人的产生根源不同，所导致的结果也不尽相同。一方面，这三个敌人归根结底都是由"弱小"引起的。另一方面，正如前面所言，它们是在不同的历史时期由不同的势力导致的。坦盟意识到，当前局势下，消灭三大敌人的关键是推翻殖民主义统治。因此坦盟明智地决定，暂且不将三大敌人作为现阶段斗争的目标，而是将第一次斗争的矛头指向殖民主义。只有推翻了殖民制度，坦盟才能战胜这三个敌人。

普天之下，实现政治上的独立是发展的基础。独立自由的社会中，人民有能力决定自己的事务，从而能够推动社会的发展。然而，在资本主义、帝国主义和殖民主义的影响之下，如今第三世界国家的独立进程出现了两极分化的情形。大部分国家逐渐资本主义化，在这些国家中，公民受到不公正的对待：少数人掌握权力、享受资源，而广大公民则陷入贫穷、愚昧和疾病之中。另一部分国家追随了社会主义潮流。社会主义制度的目标是争取完全的独立自由、确保全体社会成员的利益，因此，理论上所有社会主义国家都有足够的能力通过击溃三个敌人而摆脱"弱小"状态。

坦盟对殖民者的阴谋早有察觉。殖民者维持殖民统治的基础之一就是制造人民的内部矛盾，以便分而治之。为了扫除所有引起人民相互歧视、分裂的根源，坦盟计划领导人民共建民族团结。开始斗争之前，必须使人民在思想上为权利和自由做好准备，提高人民的政治意识、斗争士气和民族精神。然而，由于殖民者对人民的各种洗脑，共建民族团结绝非易事。为此，坦盟的干部必须深入基层，充分接触各个领域的群众。受限于当时的交通和通信条件，很多偏远地区难以抵达。但坦盟的领导干部们为了宣传党的目标和宗旨等相关信息，不得不一次次从总部或省支部踏上漫长而艰辛的下基层之路。

由于坦盟主张通过和平方式争取独立，所以，相较于使用武力，善用语言文字的宣传力就显得格外重要。虽然并不是每位领导人都有如此才能，但在坦盟的干部队伍里能言善辩的人不在少数。

与姆克瓦瓦和金吉基蒂莱时代所面临的问题不同，20世纪50年代的坦盟需要一批受过良好教育的党员和一笔足以支持反殖民斗争的资金。在乡镇、县市、省区、中央直至联合国层面的斗争都需要资金支持，金钱的重要性不言而喻，坦盟一些干部们以自我牺牲的奉献精神帮助党解决了燃眉之急。例如，各省支部的书记每月的"津贴"不过5先令。除此之外，人民群众尽管经济上有困难，但也不遗余力地为坦盟捐款筹措资金。坦盟的干部们心系群众，贴近群众，时刻为群众解困纾难，这不仅极大地增强了人民的信念，而且使革命进程取得了可喜的成绩。社会中的人需要多种资源，正如人不能仅仅依靠面包维生。有些人民群众没有捐款，但他们自愿地给坦盟送去食物，还将自己的房子免费提供给坦盟作为办公和生活用房。坦噶省首任坦盟常务秘书埃利亚斯·阿莫西·基森格为坦盟的发展作出了巨大贡献。他曾先后就任坦噶省和姆万扎省的常务秘书。他表示："坦噶省的主席基赫勒曾将他自己的房间作为我的起居室，而且还给我提供免费的食物。这让我感觉仿佛回到了儿时父母的家中。"因为基森格曾导致坦噶尼喀联合党解体，所以该党一直对他进行持续不断的污蔑和谩骂。

1955年初，《坦噶尼喀旗帜报》（*Tanganyika Standard*）刊发了联合国将向坦噶尼喀派遣代表团的消息，同刊还一并刊登了总督爱德华·川宁(Edwardo Twaningi)对坦盟及其领导人诽谤的回应。为反对联合国的代表团,坦噶尼喀殖民政府决定派出三人代表前往联合国。这一消息让坦桑尼亚人民感到兴奋不已,因为代表团明确表示坦桑尼亚将在未来 20 至 25 年内实现自治。在获准之后,坦盟决定派出坦盟主席尼雷尔前往位于美国的联合国托管理事会。殖民政府同时也在密谋运作,希望将自己的心腹安插到该代表团中。根据肤色种族标准,殖民政府派出了代表非洲人的贾斯汀·姆蓬达(Justino Mponda)和代表亚洲人的 I. C. 乔普拉(I. C. Chopra)。

但坦盟代表团面临着严峻的财政问题。负责内政事务的佩奇·琼斯(Peji Jonisi)向坦盟透露,坦盟必须先向殖民政府支付 12 000 先令现金,才能获得前往联合国总部的许可。这也就意味着,如果坦盟无力支付这笔款项,将无法在联合国托管理事会中拥有自己的代表。坦盟在会上对此事进行了仔细的讨论,与会者立场十分坚定,并且连夜开始筹集资金。直到午夜,坦盟才筹到 7 000 先令,剩下的 5 000 先令还不知该从何处筹得。就在一筹莫展之时,阿里·姆维尼(Ali Mwinyi)将伊斯兰协会的 5 000 先令借给了坦盟。第二天一早,坦盟把 12 000 先令如数交给了佩奇·琼斯。尼雷尔当天即动身前往联合国。

尼雷尔启程之后,坦盟筹款成功的消息被殖民者知晓。殖民者故意挑起事端,但好在规模不大,很快就被平息。①

---

① B. T. G. Chidzero,*Tanganyika and International Trusteeship*,OUP,49617,uk. 191 - 192.

1953 年 8 月 1 日，总督爱德华·川宁颁布了一项法令，禁止政府公务员加入任何政党，更严禁公务员在政党内担任任何领导职务。

表面上，1953 年的这项法令使渴求高级人才的坦盟陷入无人可用的困境。然而实际上，仅凭这一条法令并不能让殖民者的阴谋得逞。许多政府公务员成为坦盟的地下党员。他们自觉自愿持有党员证，捐赠钱款，交纳党费。他们常常揭露殖民政府的阴谋，尤其是有关打击坦盟势力的阴谋诡计。忠于坦盟的公务人员遍布殖民政府的各个部门和各个级别，从打字员、警察、教师，到司机和医生等。这些人都在殖民者从未意识到的另一条阵线上暗中支持着坦盟。

为了打击和破坏坦盟，殖民政府不择一切手段。1954 年，殖民政府又颁布了一条法令，要求对坦噶尼喀所有的政党进行登记。这项法令将赋予殖民政府同意或拒绝坦盟建立新党支部的权力。同时，政府也能够根据自身利益，决定是否关停坦盟的某个支部。

（一）收买人心

坦盟成立后不久，殖民政府已经开始密谋收买坦盟的领导干部。1954 年，尼雷尔曾被任命为殖民政府的顾问，这在当时是一个很高的职位。他成为有史以来第一位担任此职位的非洲裔本土官员。但尼雷尔意识到，虽然这份工作能为他带来丰厚的薪水和显赫的地位，但他的一己私利并非坦盟的斗争目标。接受这份任命就代表着背叛人民群众。尼雷尔坚定地为全体坦桑尼亚人的福祉而奋斗，所以他并没有接受这份意图收买他的光鲜工作。

　　殖民者们并未就此罢休。1955 年,尼雷尔从联合国归来后,殖民者借由他所任教的普古(Pugu)中学校长之口,强迫尼雷尔作出一项十分艰难的选择:担任坦盟的主席或是继续在学校教书,两者只能选其一。鱼与熊掌不可兼得,纵然难以割舍,立志为坦桑尼亚人民谋福祉的尼雷尔还是决定放弃教职。对于他本人,以及仰赖他帮衬的家人、父母和兄弟姐妹而言,放弃教职是对个人利益的巨大牺牲。对于他在普古中学的学生们而言,老师的离任也是一份沉重的打击。但尼雷尔十分坚决,因为他意识到,他不仅是普古中学一校学生的老师,还是坦桑尼亚人民的启蒙导师。

　　尼雷尔决定离开教学岗位、接管坦盟领导权,这对坦桑尼亚独立事业和革命进程是一剂强心针,但对殖民者而言却是极大的威胁。殖民者无法参透尼雷尔的政治立场为何如此坚定,他们只当尼雷尔是可以轻易被收买的"国王托马斯"①。辞去教职之后,尼雷尔得以心无旁骛地投身革命,实现坦盟的目标和使命。他走遍坦桑尼亚,向各地的人民宣传坦盟的宗旨和斗争目标。他在演讲中强调,当前坦盟的斗争目标是实现全坦桑尼亚人民的自由与尊严,而在此斗争过程中达成坦盟领导下的民族团结至关重要。② 与此同时,殖民者也没有停止对坦盟干部的抓捕和迫害。1957 年,殖民者物色到了新的政治诱饵。当时的坦盟正在争取立法委员会的选举席位,爱德华·

---

① 托马斯·马雷尔,曾任坦桑尼亚查加族最高酋长。——译者
② 帕特里克·库南比的讲述。

川宁总督抓住时机，任命尼雷尔为议员，希冀以此剥夺尼雷尔的坦盟主席一职。尼雷尔起先接受了任命，但很快就意识到这是爱德华总督离间和破坏坦盟的又一次阴谋。尼雷尔随后毫不迟疑地提出了辞职。他的辞呈言辞得体恳切，说服了人民群众和殖民当局。1957年12月6日《坦盟之声》(*Sauti ya TANU*)第18号刊上刊登了他的辞职声明，内容如下：

> 当政府邀请我代表达累斯萨拉姆出任议会（立法委员会）①议员时，我一时不知道该接受还是拒绝。我脑海中的第一个想法是谢绝。但经过再三思考和商议，我接受了任命。原因很简单：我本以为，殖民政府选择让我进入立法会是政府善意的体现；促成殖民政府和坦盟之间良好关系的开端，我认为我责无旁贷。在过去的四个月里，我提出了相当多的议案。如果政府有意改革，或许可以接受其中的一些建议：
>
> 对半原则(*Nusu kwa nusu*)
> 我从美国归来之后，曾提出建议：尽管每个区各选举3名议员的方案行不通，但我们可以尝试30名议员中的15

---

① 括号中的文字为作者本人添加。

名由选举产生，其他 15 名从各区等额选出的办法。随后，我将此方案以书面报告的形式提交至殖民部长处。但这一提案被否决。

行政委员会（*Halmashauri ya utawala*）

九月份我还在立法委员会工作时，重新提交了早先在殖民部长报告中提及过的一项建议。我如此措辞：如果现在政府暂时无法调整立法委员会的议员人数，比起维持现状直到 1959 年大选后再解决，此时政府理应另行选举一个专门负责此事的委员会。若政府接受了这项提议，直到通过新的方案之前，临时委员会都将继续发挥作用。也就是说，临时委员会的工作期限将会超过坦盟最初同意的三年之期。

取消强制性的三人种族投票制（*Kura ya watatu kwa lazima itoke*）

在最后一次会议上，我提出了一份草案，包括如下两个要求：

a）应取消强制投票；

b）明年的选举应在全国范围内举行。

如果政府接受了这项提案，我的第一个要求就无需再考虑。明年的选举应在全国范围内举行；本着自愿投票的原则；按照政府的预设，每个区选举产生 3 名议员，分别是一位欧洲人，一位印度人和一位非洲本地人。

进行全国性的选举（*Na uchaguzi nchi nzima*）

我的上一项提案并没有被完全通过，政府驳回了第二条要求，仅保留了第一项要求，即政府同意取消强制性投票。两项请求不可能同时被通过。现在虽然是自愿投票，但选举仅仅在政府指定的选区举行，其他区则要等到 1959 年才能参与选举。我的提案仅带来了一项调整，即投票将基于自愿原则，而不是必须按照政府制定的三种族比例进行投票。我们都清楚，政府已经做好取消强制投票制的准备。如果此时再反对这项改革提案，局面就变成了"只要有利于人民的事情，政府就一律为了反对而反对"。

忍受屈辱（*Fedheha*）

如果政府批准修改后的提案，达累斯萨拉姆明年就不会举行选举。换言之，即使明年的立法委员会将有 15 名由选举产生的议员，我也仍会以总督任命的议员身份留在立法委员会中。对我来说，这不是一件体面的事情。但为了推动取消强制性投票，我愿意忍受这份屈辱。

三级种族议会（*mabaraza ya mseto*）

9月，我对一项新法律提出了反对意见。这项法律使政府有权设立级别高于地方政府的区级委员会。如同我在《坦盟之声》第15号刊中所写，我在立法委员会中提出的反对理由非常充分；政府希望通过这项法令时，我本该提出反对意见，但我没有这样做，而是请求政府将决议的时间推后几个月。坦噶尼喀联合党的主席拜尔登（Bwana Bayldon）这次与我站在同一阵营，他申请在二月大会后的最后一次立法大会上讨论这项法令。他的支持令我十分高兴。正如我所言，这项请求让政府有机会继续与本土殖民官员们讨论这项法令。我留意到一些本土殖民官员很快前往穆宗贝（Mzumbe）进行会面。我将这一消息告知了政府，提醒他们应当尊重本土殖民官员的不满情绪，推迟法令颁布时间，等待本土殖民官员的最终意见。此举虽不能阻止法律的通过，但至少表明了政府的态度：即使不会照办，但也乐意听取本土殖民官员和人民群众的心声。如果政府接受我的提议，那么该法令将于明年4月或5月通过。区级委员会将会是殖民政府中史无前例的新机构。对我们坦盟而言，这也算得上是一种考验。

接纳仇恨与非议（*Twakaribisha chuki*）

此外，政府设立区级委员会的意图之一是为欧洲人和印度人提供在地方政府参政的机会。我在《坦盟之声》第 15 号刊中说过，在立法委员会中也曾重申，我并不反对此事。但如果目的仅此而已，则没有必要违反地方政府已有的原则而设立新机构。政府早已说过，行政部长在立法委员会上也再次表示，在目前的 56 个地方政府中，有 36 个自愿欢迎欧洲人和印度人参政。这清楚地表明地方政府打算向欧洲人和印度人敞开参政的大门。那么殖民政府又有什么必要将本土殖民官员推入可能招致民族仇恨的困境之中呢？殖民政府正在做出不利于国家团结的决定，负面的后果显而易见，但全体公民，无论是欧洲人、印度人还是非洲人，无人喊停。凡是我提出的建议，无一例外地被政府驳回。所以，我认为，如果我继续担任立法委员会的议员，领取立法委员会的薪水，往来于各种各样的招待会，将无事可做，而对人民谎称我正在从事非常重要的工作，我将愧对国家，也无颜面对坦盟。因此，我做出了辞职的决定。

蘸火钳并不意味着停止打铁（*Kuzima koleo sio mwisho wa uhunzi*）

我从美国归来之时曾说过，我此番是空手而归。坦盟的政敌们为此感到非常高兴，并宣称我的无功而返说明联合国在坦噶尼喀没有任何权力和地位。在立法委员会任职的短短时日中，我付出的心力比我三次赴美还要多。但我离开立法委员会时，仍旧两手空空。我希望坦盟的敌人们还能继续感到欢欣，并宣称这表明英国人在坦噶尼喀也没有任何权力。愚人如醉鬼一般自说自话，但事后回想起来又急于否认。争取正义的努力不会白费，我与立法委员会同事们付出的心血迟早会结出硕果。当下唯有努力奋进，以此对仍在立法委员会中坚持的同志们表示支持——"蘸火钳并不意味着停止打铁"。

（二）集会禁令与关停坦盟党支部

作为打击坦盟的手段之一，殖民者在包括乌苏库马在内的许多地区颁布了禁止坦盟组织公开集会的禁令。实际上，不仅公开集会遭到禁止，坦盟本身也成为了禁令的对象。殖民者没有批准坦盟在盖塔、纳萨（Nassa）、奈拉（Nera）和马拉姆帕卡开设党支部的登记申请。坦盟在姆万扎的党支部于 1955 年 10 月遭到关停，其支部书记萨达尼·坎多罗作为乌苏库马地区不受欢迎的人被驱逐出境。除了开除党籍，坎多罗还被禁止参与坦盟的一切领导活动。艾格尼丝·萨哈尼·基格瓦①女士曾说过：

---

① 艾格尼丝·萨哈尼·基格瓦是坦盟在姆万扎省党支部的创始人之一，她在宣传和加强坦盟建设方面也有突出的贡献。

　　坦盟在姆万扎乃至整个乌苏库马地区都有良好的基础。人民群众的政治觉醒程度高，思想意识成熟。这份政治觉醒源自农民、工人、商人等各类协会组织，例如苏库马联盟（Sukuma Union）和大湖省非洲人综合贸易公司（The Lake Province African General Trading Company）——我本人也曾是其中一员。公司最初的股价为每股10先令。创始人之一穆罕默迪·伊萨卡·基森戈（Mohamedi Isiaka Kitenge）不仅拥有多辆大巴车，而且是维多利亚酒店的所有者。

　　我的政治生涯始于加入坦噶尼喀非洲人协会之时，1952年时我是唯一的女党员。随后我还被选为省级党支部代表，并在该岗位上工作至1954年。由于坦盟在本省是违禁组织，我们不得不将一切党的活动转入地下秘密进行。我的党员证是通过秘密途径所获，1954至1958年间我始终积极负责暗中发展党员的工作。我在1956年正式成为了一名持证坦盟党员，但我十分恐惧与担忧，因为一旦发展坦盟党员之事被殖民政府察觉，将给坦盟带来严重的伤害。

　　乌苏库马的艾格尼丝·萨哈尼·基格瓦女士的阐述因与当时尚在普古中学教书的尼雷尔的一封通信而显得更为重要。这封书信是殖民者实施阴谋的证据，还暴露出他们思想上的脆弱。这封书信的另一重目的是鼓励妇女同胞，因为在坦桑尼亚的解放斗争中，妇女群体不应屈于人后,广大女性同胞应该踊跃地向女性革命楷模基格瓦女士学习。女性们不应等待男性的指导才能有所作为,相反,在社会改革领域,女性也有责任对男性进行指导。尼雷尔给艾格尼丝·萨哈尼·基格瓦的回信内容如下:

弗朗西斯路普古中学

私人信件

达累斯萨拉姆

1955 年 6 月 19 日

亲爱的艾格尼丝·萨哈尼·基格瓦女士:

非常感谢您和马拉姆帕卡的索斯皮特·萨贡迪(Sospiter Sagondi)先生的来信。

你们的来信让我感到羞愧,因为自从政府关停姆万扎的党支部后,我未曾向你们写信致以慰问或关怀,也未询问过支部的相关情况。

但我从未忘记你们。我去面见了政府官员,他们就关闭党支部给了我两个理由:

(1)这些党支部的干部,尤其是姆万扎支部的干部们,没有存在的意义;

(2)有一日姆万扎支部召开了一场会议,姆万扎地区的行政长官也应邀出席。但会上所讨论的话题皆是令大家人心惶惶的事情。

这些理由并不能令我信服，我将此事知会了欧洲方面的同志。同时我也向总督询问，姆万扎和马拉姆帕卡两地的党支部是否有恢复的可能性。他回复道，除非新总督到任，否则绝无可能。

我不希望前去赴任、为此事奔忙的同志们对政府目前的态度一无所知。尽管我们紧张的经费在一定程度上限制了党内人员的调动，但达累斯萨拉姆的支部书记会适时伸出援手。我已经建议他与少数党员同志碰头，替我们听取他们的看法。无论如何，我认为现在最重要的是坚持到底、不要放弃。我们不是一支暴力的政党，我们也并不畏惧政府。

因此，我的建议是再组织几位党员同志与县长或省长会面，向他们传达同志们想要继续发展坦盟的决心，看看他们作何反应。或者你们给我写一封信，在信中询问是否还有获准恢复党支部的可能性。我会将这封信的副本寄给政府，以此来了解政府的立场和态度。

另一种方法是成立一个新的坦盟支部，并再次向政府提起注册申请。支部将由全新的成员领导。政府或许会批准，但也有可能驳回。如果政府不批准，那么我们也就知道政府并非因为支部中的党员干部而关停支部，纯粹是因为对坦盟的排斥而做出这样的决定。我已经与保罗·博玛尼先生联系,他近期抵达达累斯萨拉姆后,我会再次与他商议,并就是否愿意在姆万扎担任领导职务询问他的意见。他早先曾表示不愿看到坦盟解散或走入歧途,并表达了希望领导姆万扎坦盟支部的强烈意愿。

　　向所有同志问好,

　　你们永远的,

　　　　J. K.尼雷尔

图7　艰难的独立斗争工作之余,艾格尼丝·萨哈尼·基格瓦女士正坐在椅子上休息。

在整个大湖省,坦盟仅能在布科巴和马拉两地组织活动。但即便只在这两地,坦盟的发展之路也十分坎坷。根据殖民者的说法,他们之所以禁止坦盟在乌苏库马地区的活动,主要是因为坦盟领导干部们扰乱民心、破坏社会安定的不当行为。然而事实是,殖民者以法令的形式强迫苏库马人减少牲畜畜养,并且强制征收棉花的公斤税。坦盟的领导干部与人民群众一起反抗不得民心的不平等法令。殖民者的镇压也是必然的。苏库马人是坦桑尼亚最大的民族,一旦他们有了民族独立的政治意识,势必成为殖民者的巨大威胁。然而殖民者的措施为时已晚,苏库马人已经有了高度的政治意识。

除了禁止组织公开集会,在尼雷尔1958年庭审案件期间,殖民政府还禁止尼雷尔以坦盟总书记的身份在国内发表公开演讲。此处的尼雷尔之案意义非凡,因为它正是殖民者打击坦盟领导干部的手段之一。此事源于尼雷尔于1958年5月在《坦盟之声》发表的文章,殖民者指控尼雷尔在其中的言论侮辱了松盖阿和穆索马两地的县长。但尼雷尔案提高了坦盟在国内的知名度,也增强了民众对坦盟的信任。坦盟的领导干部们的斗争之心愈发坚定,坦盟也日益强大起来。坦盟现任总书记埃利亚斯·阿莫西·基森格提供了有关此案的详细信息。

那时《坦盟之声》已经创刊,尼雷尔是主笔,我担任打字员。这份刊物每期仅有一两页。创刊的主要目的是让民众了解殖民政府的阴险狡诈和不堪一击。刊物印发之后,会被送往各省、县的党支部，各级议员在办公室就能阅读到最新动态。《坦盟之声》对这些领导干部们的工作有所助益，在召开政府会议时体现得尤为明显。有一次，尼雷尔草拟了一篇非常尖锐的文章，我劝他稍加改动，但是他没有听劝。他说："等着吧基森戈，那些人会将我抓走的。"随后，果然一位持搜查令的警官马凯尼（Makeni）上门对我们进行了突击搜查。那位警察独自前来，在他向我们出示搜查令后，尼雷尔允许我让他们检查《坦盟之声》的所有相关文件。我趁乱将一份重要文件藏了起来。

　　当他开始乱翻乱拿其他无关的东西时，我去通知了尼雷尔。尼雷尔到场之后，将警察手中的文稿夺了回来，并厉声说道："你的任务是搜查《坦盟之声》，这些东西与你无关，请你离开！"《坦盟之声》的发行并不是个秘密，常有殖民者的走狗们收集刊物送给殖民政府。果然，尼雷尔随后因此受到起诉并被送上了法庭。有一天晚上，我和尼雷尔正在坦噶省时，警察局长送来了一张传票。尼雷尔签字后，按照要求，立即返回了达累斯萨拉姆，而我则暂时留在坦噶。我随后给肯尼亚的汤姆·姆博亚打了电话，询问他是否有可能聘请 D. N. 普利特（D. N. Priti）①为尼雷尔的案件辩护。

---

① D. N. 普利特是一位非常著名的律师。他曾为肯尼亚的乔莫·肯雅塔做案件辩护。在 J. K. 尼雷尔一案中，他与坦桑尼亚的拉坦西（Ratansi）共同进行辩护。

219

后来,我联系到了普利特律师。当时他说他正在英国,但两周之后就会返回坦噶尼喀。两周后,他如约而返。开庭审判时,正值三级种族议会议员竞选。法庭中座无虚席,负责审判的是 L. A. 戴维斯(L. A. Devisi)首席大法官。[①]从各省赶来的数百名坦盟党员自费赶到达累斯萨拉姆旁听案件庭审。他们居无定所,同行的妇女们凌晨三点就开始在基武科尼(Kivukoni)的海边生火做饭。他们就这样生活了很长一段时日,直到尼雷尔案的宣判之日。那天,等待宣判结果的民众在基武科尼排起了长队。若是尼雷尔被判处监禁,他们将直奔乌康佳(Ukonga)劫狱救人。在审判之前,法官去了一次办公室。大家认为他可能是去接听总督的电话了,总督要求不要抓捕尼雷尔。法官在五分钟后返回了法庭,随即开始宣读判决书。法庭决定对尼雷尔处以3 000先令的罚款,或者6个月的监禁。尼雷尔选择支付罚款。

因为判决书用英语宣读,所以在场的很多人都没能听懂审判结果。当监狱长和警察将尼雷尔带出法庭时,一位妇女上去扇了监狱长一耳光。我马上前去询问:"你为什么这样做?"原来这位妇女误以为他们要将尼雷尔押送到乌康

---

① E. A. 基森戈的叙述。

佳监狱里去。我向她解释道,尼雷尔只需要交罚款就行,不会坐牢,我们这就去给他交钱。然后,我一刻不停地回坦盟总部填写支票。我刚一进办公室,乌康佳监狱询问庭审结果的电话就打了进来。无法接受坦盟的主席被判为同他们一样的阶下囚的囚犯们,纷纷掀拳裸袖,准备越狱而起。我告诉他们庭审的结果后,大家的情绪才慢慢平息。囚犯们都很高兴,因为3 000先令算不得什么,甚至在场的民众都能当场凑齐这笔罚款。

在伊林加,政府要求当地人民去沼泽地放牧,人民心生不满。而坦盟转达了人民对这项法令的抱怨。于是,坦盟在当地的支部就被殖民政府以煽动人民违反法规的借口关停。1957年10月,卢索托(Lushoto)、科罗圭和潘加尼的支部也被关停。① 除了关停党支部和禁止坦盟组织公开集会,殖民政府还在各地制造事端,使得民不聊生。例如1956年,殖民政府在莫罗戈罗推行梯田种植法。但梯田种植并不适合当地的自然条件,当地的卢古鲁族(Waluguru)农民深受其困。没有收成就代表着饥荒。坦盟干部们领导人民进行反抗,但因此获罪。阿里·金加鲁,穆罕默德·塞内伊,穆哈默迪·胡赛因·马高塔和姆维尼姆瓦·金加鲁四位坦盟干部被遣送到比哈

---

① Kumbukumbu za TANU, Press Release Na. A/35/37, Class C 6/12/21 ya 25/10/1957. Makao Makuu ya zamani ya TANU.

拉姆洛。① 尽管殖民政府声称对这四人的严惩是由于他们反对殖民政府的计划、扰乱民心，但实际上，殖民者此举是为了削弱坦盟的实力。这些人是坦盟的中坚力量，他们为争取坦盟的政治胜利，实现民族独立作出了巨大的贡献。

（三）殖民者与三级种族议会制

随着坦盟的实力日渐强大，殖民政府用尽一切办法加以打击和阻挠，其中之一便是巩固三级种族议会制。当时世界的发展大势是实现民族团结，而殖民者推行这一政策的主要目的是在思想上将坦桑尼亚人民引向一条反世界发展大潮的道路。三级种族议会制度非但不能促进坦桑尼亚的民族团结，反而加深社会出身歧视和种族歧视。

为了顺利推行三级种族议会制度，殖民政府实施了两个措施。其中之一是确保所有地方政府当局的公务员都由欧洲人、亚洲人和非洲本地人组成。政府的这一决定是为了混淆视听、扰乱民心。首先，因为当时的亚洲人和欧洲人都是城市阶层，他们与作为物质资料生产者而生活在农村的非洲人没有任何联系。其次，相对于非洲本地人而言，亚洲人和欧洲人是统治阶层。在经济上，他们将非洲人作为牟利工具；在教育上，非洲人的受教育程度明显落后，大多数人仍

---

① Kumbukumbu za TANU，Press Release Na. 5/7/1，Class C 23/7/56 katika Makao Makuu ya zamani ya TANU.

愚昧无知；在社会生活上，欧洲人和亚洲人是一派，非洲人自成一派，两个阶级间充满敌意与不睦。我们很难判断三级种族议会制将在地方政府层面发挥怎样的作用。

（四）1954—1961 年间的本土殖民官员与坦盟

一些本土殖民官员没有过多地参与政治运动，他们是殖民政府忠实的傀儡。坦盟向民众宣传党的目标和宗旨之时，他们横加阻挠。其中一些本土殖民官员被坦噶尼喀联合党收买。有些本土殖民官员可能由于不理解独立与自由为何物而反对坦盟。但更有可能的是，他们中的大部分由于受到殖民者的精神蛊惑，愚昧无知，缺乏自信，因此而反对坦盟。他们能否继续掌权很大程度上取决于他们是否能取悦殖民统治者，从而继续进行对本地社会的剥削。

从另一方面来说，他们越讨好殖民者，就越不得民心。这不仅是坦盟的态度，更是人民的选择。简而言之，本土殖民官员渴望权力，他们害怕在独立的人民政府中没有他们的立足之地。这种情况在文化水平不高的官员中尤为明显。这些人的担心与恐惧来源于他们缺乏革命意识和坚定的立场，加之贪婪和自私作祟。正因如此，他们才能如此轻易地被收买。

然而，在几乎所有非洲国家的独立斗争史中，例如南非、纳米比亚和津巴布韦，本土殖民官员始终是主要的障碍。软弱怯懦的本土殖民官员们不愿意推动或迎接社会变革。他们的思想完全依附于殖民者，成为了殖民者的傀儡，这就导致他们没有长远的眼光。因此，同其他阶级的人一样,本土殖民官员也是需要被解放的群体。

但并非所有的本土殖民官员都是坦盟的反对者。有一部分本土殖民官员,或他们的子女支持坦盟,例如坦盟主席尼雷尔的父亲就是一位本土殖民官员。亚当·萨皮,帕特里克·库南比,埃拉斯托·玛格尼亚(Erasto Mang'enya),伊沃·姆哈伊奇(Ivo Mhaiki),阿布迪尔·希安加利等殖民官员也拥护坦盟。他们有的向坦盟提供各类物质和精神上的支持,有的向坦盟的干部们提供殖民政府的机密,还有的支持坦盟的宣传和推广,允许坦盟在他们的管辖县内开展活动。

为了使本土殖民官员继续为新殖民主义服务,在英国殖民者的劝说之下,本土殖民官员于 1957 年开始筹备本土殖民官员委员会。此事也是尼雷尔辞去立法委员会议员职位的原因之一。按照预想,本土殖民官员委员会将会是坦桑尼亚独立之后富绅大会(Bunge la Mabwenyenye)的前身。因此,根据程序,民生大事的决策权并不能由坦桑工农大会(Bunge la Wafanyakazi na wakulima wa Tanzania)掌握,因而落入了富绅大会之手。

察觉到坦盟的实力日渐强大,殖民政府在莫罗戈罗省的穆宗贝召开会议,要求所有本土殖民官员共同参与组建上述委员会。这次会议的主要目的是确定委员会的组织结构,并选举产生委员会主席、会议主席、宣传书记、财务负责人。部分与会者已经知道殖民政府希望托马斯·马雷尔(Tomaso Marealle)当选委员会主席。部分具有革命态度和意识的本土殖民官员为此进行了一次秘密会面,他们决定支持姆瓦米·特里西亚(Mwami Tereza)参加主席职位的竞选。消息一出，几乎所有官员都表示同意。在全体大会上，特里西亚被提名，获得了 55 票，亚当·萨皮获得 9 票。特里西亚以压倒性优势当选委员会主席一职。而托马斯·马雷尔于 1957 年作为政府代表团成员前往联合国，并在联合国托管委员会的会议上发言。据说，当时他在联合国表达的立场与尼雷尔的立场一致。或许是因为马雷尔在了解坦盟的实力后调整了自己的立场，意识到继续支持日渐式微的殖民政府是不明智的选择。

（五）反对党

在 1956 年以前，坦盟是坦桑尼亚大陆地区唯一的政党。无论是普通民众还是殖民者，都对坦盟的目标和宗旨十分了解。随着坦盟不断发展壮大，殖民者的担忧与日俱增。英国殖民政府无意给予坦桑尼亚人民真正的独立，他们提供的是表面上的自由和名不副实的独立。在所谓的独立到来之前，殖民者需要用很长的时间培养一批掌握实权的本地殖民傀儡。尼雷尔始终是殖民者的第一选择。但在尼雷尔和其他坦盟干部处碰壁后，殖民者开始转而寻找其他的拉拢对象。

由于不想显示出拉拢政策的失败以及受挫后的灰心气馁，殖民政府又引入了南非种族隔离政府广为使用的制度。该制度根据种族和肤色将一部分人隔离在社会底层，它在坦桑尼亚以"三级种族议会制"为人熟知。为了推行这一制度，殖民政府创建了坦噶尼喀联合党

（UTP）。

坦噶尼喀联合党于 1956 年 2 月 12 日正式宣布成立。1958 年之前担任立法会议员职位的帕特里克·库南比表示，该党的创建离不开爱德华·川宁总督的促成。爱德华总督曾与艾弗里·贝顿（Ivori Beidon）协商成立坦盟的反对党的相关事宜。彼时，坦盟已成为殖民政府的反对党。爱德华命令贝顿召集所有坦噶尼喀非官方成员组织（TUMO）的成员开会。该组织由立法委员会任命的议员组成。据说，贝顿能言善辩，深谙游说之道。在会上，贝顿雄辩激昂地发表了创建坦噶尼喀联合党的演讲。会后，几乎所有的白人议员都支持总督的提议，并成为该党党员。除拉坦西（Ratansi）之外的所有亚洲议员也加入了坦噶尼喀联合党。至于 13 位在该组织中的非洲本地议员，除了 5 人反对，其余所有人都表示支持，并选择加入该党。持反对意见的 5 人是亚当·萨皮，S. K. 乔治（S. K. Joji），保罗·博玛尼，阿布达拉·丰迪吉拉（Abdala Fundikira）和帕特里克·库南比。以上就是坦噶尼喀联合党的创立过程。

5 位议员提出的反对意见是，坦噶尼喀联合党的建党目的不够明确。议员们完全有理由认为该党的创立是殖民政府打压坦盟、破坏解放目标的手段之一。在殖民政府企图通过成立本土殖民官员委员会培养殖民傀儡的愿望落空之后，议员们的怀疑得到了进一步证实。坦噶尼喀联合党的发展和巩固得到了殖民政府的全力扶持。据称，殖民政府不惜财力，从英国聘请了布雷安·威尔（Brayani Wili）负责党的建设工作。除了立法会议员，很多有影响力的社会人士也被拉拢进坦噶尼喀联合党。其中包括伊斯玛仪派的 V. M. 那扎拉利（V. M. Nazarali），希腊人社群的史蒂芬·埃玛努埃尔（Stefano Emmanueli），达累斯萨拉姆伊斯兰社群的非洲本地人胡赛因·朱玛（Huseini Juma），还有来自阿拉伯人社群的阿卜杜尔·萨伊德·穆芒戈（Abdul Saidi Mmanga）和阿里·萨伊德·穆芒戈（Ali Saidi Mmanga）。

　　坦噶尼喀联合党在各省区也收获了一大批有社会影响力的党员，若要统计起来，党员名单将会相当长。贝顿使出浑身解数劝说持反对意见的议员加入该党，帕特里克·库南比就曾多次受到劝诱。有一次，布雷安·威尔、史蒂芬·埃玛努埃尔和胡赛因·朱玛组成的三人代表团前往莫罗戈罗劝说库南比加入坦噶尼喀联合党，但他们最终无功而返。代表团意识到那些反对坦噶尼喀联合党的议员立场明确且坚定，而相比之下，联合党的目标不甚明确。因此，代表团绝无劝服他们的可能性。1957 年，英国殖民部长艾伦·伦诺克斯-博伊德（Alani Lenoksi-Boidi）访问坦桑尼亚。坦盟选派尼雷尔、卡瓦瓦、库南比、博玛尼和乔治代表党组织与殖民部长会面，但最后会面却被殖民政府取消。鉴于殖民政府的卑鄙行径，坦盟在达累斯萨拉姆-莫罗戈罗路上的"本土殖民官员大厅"召开了一次紧急会议，会址就在坦噶尼喀联合党的总部附近。会议决定拒不出席殖民部长的欢迎仪式。获知此事的殖民政府派基达哈·马克瓦伊前去说服坦盟，但坦盟拒不听从。

据说,次日莫罗戈罗省的省长 E. G. 罗威(E. G. Rowe)将库南比叫到他的办公室,指责他反对坦噶尼喀联合党、支持罢工活动。省长威胁道,若是库南比继续与坦噶尼喀联合党唱反调,他将职位不保,甚至招致更大的麻烦。作为受过良好教育的年轻人,库南比熟悉殖民地官员管理条例,并不为这种威胁所动。然而,由于库南比在莫罗戈罗省帮助坦盟开设党支部,又向乌特特(Utete)和马里尼(Malinyi)等地的坦盟党员施以援手,他遭到了殖民政府的百般刁难。

立法委员会的议员由总督任命。任职的议员必须忠诚、可靠,坚定捍卫和维护殖民政府统治。仅此一条就可证明坦噶尼喀联合党不是坦桑尼亚人民的政党,而是维护帝国主义者利益的政党,是为殖民者培养傀儡的政党。坦噶尼喀联合党的党章宣称要为坦桑尼亚人民带来民族团结与独立,然而事实上,该党的所有政策都带有种族主义性质。1958 至 1959 年立法委员会议员参选条件和 1957 年派遣前往联合国的代表团都体现了坦噶尼喀联合党作为政党的立场,其种族主义倾向和政治偏向显而易见。它是一个封建地主阶级的政党。

坦噶尼喀联合党尽失民心,不仅代表本土非洲人的坦盟反对它,代表亚洲人的亚洲人联合会(Asian Association)也反对它。坦噶尼喀联合党大力鼓吹三级种族议会制、反对种族平等的做法引起了亚洲人联合会①的不满。亚洲人认为,这项制度的目的不是在真正的

---

① J. C. Taylor, *Political Development of Tanganyika*, OUP, 1963, uk. 94‑95 ns 140‑141. 该协会仅由达累斯萨拉姆的少数印度人组成,其政治影响力较为有限。

民主基础上建设团结统一的民族,而是巩固种族主义,加剧坦桑尼亚人民的隔阂与分离。坦噶尼喀联合党从未拥有过坚定忠诚的党员,绝大部分追随者都是靠金钱收买拉拢而来的。它利用本地人的贫困和愚昧趁火打劫。大多数民众都已识破坦噶尼喀联合党的真实意图,纷纷决定抵制该党。从一开始,坦噶尼喀联合党就注定无法与坦盟抗衡。坦盟的党员反而可以轻易打入坦噶尼喀联合党内部,通过获取该党的动向、计划和决议等内部信息将其置于死地。

　　坦噶尼喀联合党的总部设在坦噶市。当时,人民对坦噶尼喀联合党的认可度并不高,但它通过金钱收买了一众党员加入。该党的领导干部购买了大量啤酒,用灌酒的方式发展党员。有一次,一百多位坦盟的女性党员被灌醉,饮酒至午夜的她们全然不知坦噶尼喀联合党的阴谋。这些干部趁她们不省人事之时,让她们在联合党的入党证明上按下了手印。联合党的干部们拿着新党员的名单回到总部领赏,每发展一位新党员,他们就能获得 10 先令的报酬。清晨,坦盟志愿队目睹了这场交易,他们立刻将消息发往坦盟办公室。省支部常务书记埃利亚斯·阿莫西·基森格派人将这些年轻女党员集中起来。她们对此感到后悔不已。在严厉警告之后,支部决定对她们的错误既往不咎。击溃坦噶尼喀联合党的另外一事是坦盟党员的渗透。打入敌人内部后的坦盟党员向组织提供了联合党的动向、部署和方针路线等全部信息。1958 年底,第一届立法委员会议员大选结果公布后,坦噶尼喀联合党解散。选举结果显示,坦盟大获全胜。而未获一席的联合党意识到他们的努力徒劳无功。许多联合党党员纷纷加入坦盟阵营。最终，该党决定在不发布正式公告的情况下关停所有支部办事处。

1958 年，坦盟迎来了一个新的反对党，坦噶尼喀非洲人国民大会党（ANC）。该党为祖拜利·姆特弗（Zuberi Mtemvu）在坦盟的总部创立。当时，坦盟所有的领导干部都在塔波拉参加 1958 年的党代表大会，时任省常务书记的姆特弗负责驻守坦盟总部。坦盟同意参加 1958 年三级种族议会的大选，并表示"不久的将来，各种出身的人民都将加入坦盟，成为我们的同志"。① 姆特弗对于坦盟参加三级种族议会大选的做法并不认同，据说他成立这支反对党正是为了反对三级种族议会制。

姆特弗认为，坦盟未能坚持革命立场。他期待的是一支能够开展军事斗争运动的政党。换言之，姆特弗希望创建一支更为激进的政党。不为民众所接受是坦噶尼喀非洲人国民大会党面临的一个重要问题。在姆特瓦拉省和林迪省，民众的态度让该党的领导人苦恼不已。例如，乘客拒绝与该党的干部们乘坐同一辆大巴车，而大巴车车主见所有乘客都弃车而去，则要求该党干部们下车离开。

在 1958 和 1960 年的大选中，坦噶尼喀非洲人国民大会党惨败。该党的努力适得其反，它越是积极开拓，结果就越是惨淡。很多党员选择退党，转而加入坦盟。坦盟的实力日益壮大，人民群众对坦盟越

---

① 欧洲人和亚洲人也认可了坦盟的实力，并开始信赖它。

来越有信心。欧洲人和亚洲人也开始认可坦盟并对其寄予希望。

全非洲人坦噶尼喀联邦独立党（All African Tanganyika Federal Independence Party）成立于 1958 年，总部位于坦噶省。该党是坦噶尼喀众多未发展起来便已夭亡的党派之一。独立党的斗争目标是为坦噶尼喀各地区、各省份争取独立。这意味着各省份都应建立自己的独立政府，之后各省独立政府再联合组建坦桑尼亚联邦政府。这与恩加拉（Ngala）领导的肯尼亚非洲民主联盟（Kenya African Democratie Union，KADU）的目标十分相似。

由于多种原因，全非洲人坦噶尼喀联邦独立党出师不利，未能在坦桑尼亚获得支持者和追随者。首先，这是一支带有种族主义性质的政党。其次，彼时的坦桑尼亚人已经意识到民族团结的重要性和在坦盟领导下取得的民族团结的丰硕成果。再次，全非洲人坦噶尼喀联邦独立党缺乏强有力的领导集体。这就是为什么时至今日该党仍名不见经传，在坦桑尼亚鲜有人知。

退休警察莱斯利（Lezili）在姆特瓦拉省的马萨西（Masasi）区创建了一支种族主义政党，即马萨西非洲民主联盟（Masasi African Democratic Union，MADU）。据时任马萨西区坦盟负责人的马利玛介绍，该党的建立是出于莱斯利的私欲。他没有远大的民族解放抱负，也没有明确的斗争目标。有人认为，莱斯利组建该党是受到当地英国圣公会传教士的影响，意图帮助贝达·姆维达迪（Beda Mwidadi）赢得 1960 年的选举。姆维达迪是一名坦盟党员，也是一位学者。但马萨西的本地民众对外地人带有一定的地域歧视，他们认为不应当舍近求远，引进外地的候选人参与本区的选举。姆维达迪的竞选对手是代表坦盟中央委员会的约翰内斯·亚历山大·恩尊达，他在 1962 年之前一直担任坦盟南部省的党支部书记。传教士和部分辛迪亚(Chidya)的教师们坚持劝说姆维达迪积极参与竞选，与亚历山大一决高下。事实上，马萨西非洲民主联盟党的党员人数不多，其中还包括许多前坦噶尼喀联合党的党员。该党在历史舞台上的存在时间很短，不久后便草草收场，以解散告终。

1960 年，以伊斯兰教领袖和教师为首的部分民众组建了坦噶尼喀全穆斯林民族联盟（All Muslim National Union of Tanganyika，AMNUT）。据称，该党的领导人已经被殖民政府通过金钱手段收买。坦盟中央委员会获知该党成立的消息后，决定组建一个以穆斯林和基督徒为主要成员的委员会以反对该党。成员们遍访各省，让各地的基督徒和穆斯林了解坦盟的斗争目标，也让他们认识到利用宗教政党团体分裂人民的危害性。人民群众对坦盟的这一观点表示赞同。至此，坦噶尼喀全穆斯林民族联盟再也无力与坦盟为敌。委员会成员在走访基戈马时，发现了一些由当地警探查获的文稿。这些文稿出自当地的牧师之手，先用英语写作，随后翻译为斯瓦希里语。牧师们打算用这些文稿蛊惑和煽动当地的基督徒相信穆斯林们没有接受过教育，并呼吁所有基督徒，无论身在何处，团结起来，不能让穆斯林在国家中担任任何领导职务。

　　尽管这些因宗教而起的问题是在独立前后出现，但实际上利用宗教挑起矛盾早在 1954 年坦盟成立之时就初现端倪。坦盟中央委员会委员赛莱曼·塔卡迪里（Selemani Takadiri）因在塔波拉代表大会上使用宗教词汇而受到影响。他在会上说："我收到了一封来自乌圭诺穆斯林学校（Shule ya Muslimu ya Ugweno）的来信，信中提到现在基督徒学生抢占了所有资源，而穆斯林儿童饱受折磨。"然而，事实上这所学校是一所世俗学校，而非穆斯林学校。因为这番言辞，塔卡迪里被长老大会指控试图以权谋私，利用宗教危害坦盟。大会决定取消他的党员身份，没收党员证，开除其党籍并向民众公示。①

　　虽然阴谋屡屡失败，但殖民者仍不罢休。在殖民者的扶持下，卡桑加·通博（Kasanga Tumbo）组建了人民民主党（Peoples Democratic Party）。尽管该党曾在坦桑尼亚国内稍有影响力，但它依旧没有扎根立足的可能性。因为自 20 世纪 50 年代以来，经过重重考验的坦盟已经成为一支成熟的政党，有能力应对各种各样来自反对党的挑战。坦盟时刻警惕内部和外部的敌人，随时做好揭露、打击和歼灭敌人的准备。因此，人民民主党很快败下阵来，主动宣布解散。

　　反对党的屡屡落败表明，尽管他们居心叵测地想要破坏坦盟领导下的民族团结，但人民不会轻易被这些殖民傀儡所蒙骗。坦桑尼亚国内需要一个什么样的政党完全是由人民群众在反殖斗争中自

①　根据拉贾布·迪瓦尼先生的叙述。

己决定的。

（六）1958 年塔波拉大会

塔波拉大会在坦桑尼亚的独立史上占据着重要的地位。1957
年，坦噶尼喀非官方成员组织组建了制宪委员会，几乎所有的成员都
是坦噶尼喀联合党党员。根据制宪委员会制定的条款，坦盟提出了
相关意见，但全部被驳回。1958 年的塔波拉大会正是在这样的背景
下召开的。

这次历史性会议的主要议题为是否抵制立法委员会的首届议员
选举。不论是支持坦盟的工农群众，还是坦盟的各方敌对势力，都对
塔波拉大会的结果十分关注。在这次选举中，殖民政府制定了近乎严
苛的参选要求，其目的就是希望坦盟做出错误的决策，拒绝参加这次
选举。然而坦盟最终决定参选，这是一项明智的决定，也是一次伟大的
胜利。英国工党始终支持坦盟的方针政策，约翰内斯·哈奇特地代表个
人以及英国工党向坦盟的这一决定表示祝贺。按照殖民政府原本的设
想，为了获得与政府抗衡的足够筹码，坦盟会拒不参加本次选举。

塔波拉大会上，激进派和保守派之间的讨论十分激烈。实际上，
几乎所有与会者都赞成拒绝参加此次选举。但是高瞻远瞩的尼雷尔
认为拒绝参选的后果将会非常严重，因此他坚定地支持参选。耐心地
听取所有议员的看法之后，尼雷尔发现会场中群情激愤，大家一心抵
制参选。他耐心地与议员们沟通，向他们解释自己的观点。他没有执
着于强调负面影响，而是告诉议员们参选会为坦盟带来怎样的好处。

最终尼雷尔力排众议，大会决定参加选举。随后大会还对教育等重要议题进行了深入讨论。

首先，坦盟认识到，目前距离取得最终胜利仍有很长的路要走。其次，坦盟党内仍急需受过高等教育的领导干部。因此，大会着重强调提升领导干部受教育水平以担任政府职务的重要性。大会当即决定将向政府提议，鼓励政府简政放权，将行政服务权力下放于民。这被视为实现民族独立，提升民众受教育水平的途径之一。

坦盟没有推卸和逃避这一责任。1959 年坦噶大会上通过了开设基武科尼学院(Chuo cha Kivukoni)培养领导干部的决议。大会还决定设立教育基金，并选举产生了监管委员会。工农群众自愿捐钱出资建设这所学院。1961 年，该学院正式成立。

大会还就基础教育的现状进行了讨论。坦盟鼓励推动基础教育改革，使教育惠及更多民众。坦盟十分重视坦噶尼喀双亲协会学校，以便为民众接受教育提供更多的机会。此外，大会还讨论了经济问题和坦盟对于各种背景的候选人的选择以及竞选程序的立场和态度。如此不仅能够确保选举顺利举行，还能打破基于出身和种族差异的社会阶层。

（七）修改宪章

1956 年 4 月 26 日，在立法委员会第一次大会的开幕式上，川宁总督宣布将于 1958 年启动大选计划。接着他解释道，每位选民有三票，需从每个族群中各选择一位候选人。制宪委员会将会审查和调整选民资格与选举流程。根据殖民政府的决定,制宪委员会由立法委员会中辩护方的议员组成。成员均为坦噶尼喀立法会议员联盟成员。坦盟对此表示强烈反对,但抗议无果。1957 年 5 月,立法委员会将《选举程序条例草案》改称为《立法委员会选举草案》并议定通过。联合国代表团建议政府在 1958—1959 年大选之后重新审查选举程序,特别是选民资格相关的部分。

大选开始前,制宪委员会对宪法进行了一处调整。由政府任命常务委员会委员的法规被撤销,取而代之的是从 1957 年 7 月开始推行的部长计划。常务委员会成员人数增至 9 人,皆为各部部长。[①] 除了委任部长,总督还从立法委员会的议员中任命副部长。[②] 所有的议员都必须支持和维护殖民政府提出的草案。获得任命的议员包括 4 位非洲本地人、1 位欧洲人和 1 位亚洲人。常务委员会原本应于 1958 年 3 月届满,然而总督认为需要在委员会中引进代表民意的委员,所以于 1957 年 9 月将其提前解散。新任委员中,尼雷尔为达累斯萨拉姆选区代表,本土殖民官员马雷尔为政府方代表,坦噶尼喀劳工协会(T. F. L)秘书长卡瓦瓦作为议员代表全体国民。

1957 年,大湖省一分为二,至此参选省区的数量达到 10 个。这一调整影响了 1957 年底立法委员会中的议员数量,使其达到了 34 人。即便如此,委员会中欧洲议员的人数仍多于非洲和亚洲议员人数的

---

①   J. C. Taylor, *Political Development of Tanganyika*, OUP, 1963, uk. 153.

②   Kama hapo juu, uk. 153.

总和。

（八）1958—1959 年首次大选

坦盟很早就意识到扩大公民在各种政府机构中的参政机会的重要性，尤其是扩大本土非洲人在立法委员会中的影响的重要性。除了为人民在立法委员会中争取更多席位，坦盟还争取更民主的议员选举程序，实现以民选制取代任命制。1955 年，迫于坦盟施加的重重压力，殖民政府正式宣布将于 1958 年和 1959 年举行立法委员会议员换届选举。虽然强烈反对殖民政府提出的选举条件，坦盟仍对政府同意民选议员的声明感到十分高兴。这些旨在打击坦盟党员的选举条件是 1957 年尼雷尔辞去议员职务和 1958 年坦盟在塔波拉召开党代表大会的主要原因。

选举的主要原则是三级种族投票制，即所有选民都必须将选票分别投给三位候选人：一位非洲候选者、一位亚洲候选者和一位欧洲候选者。如此，三方在立法委员会中的人数比例保持平衡。此举是为了控制社会中人数较多的群体的权力。然而，议员人数的相同并不意味着代表权的平等。三级种族制的政府统治之下，独立与自由必然无望。这种选举方式的结果与津巴布韦和南非两国的结果别无二致。在这两个国家，殖民者掌握军事力量，虽为少数，但仍能夺取政权，压迫占多数的本土公民。坦噶尼喀殖民政府极力推崇三级种族制，不仅是为了延缓坦噶尼喀的独立进程，也是为了剥夺人民的独立与自由。

三级种族议会制是英国殖民者用于分裂坦桑尼亚人民、制造隔阁的阴谋。人民的团结是坚不可摧的盾牌。殖民者此举,简而言之,就是为了摧毁在坦盟领导下实现的人民团结。

选民的资格要求

根据 1957 年公布的 1956 年制宪委员会公告,选民必须具备以下条件:

1. 必须年满 21 岁;

2. 截至登记时,在坦噶尼喀居住已满 3 年,且过去 6 个月内居住在所属选区;

3. 必须完成八年级教育,拥有小学文化程度(以当时的教育制度为准);

4. 年收入不少于 3 000 先令;

5. (a) 必须曾当选为立法委员会委员,或;

   (b) 必须在省、区级地方权力机构任职,或;

   (c) 必须为地方首领,例如酋长、利瓦里、阿基达等。

候选人的资格要求

成为候选人的参选者必须符合以下条件:

1. 候选人必须年满 25 岁;

2. 参选之前,在坦噶尼喀居住已满 4 年;

3. 必须掌握英语,能够无障碍地阅读立法委员会的公文，且掌握英语和斯瓦希里语语言技能；

　　4. 参选者至少拥有初中文化程度；

　　5. 参选者年收入不少于 4 000 先令；

　　6. 至少获得 25 名登记选民的推荐，包括非洲人、亚洲
人和印度人；

　　7. 曾经担任过立法委员会议员职务；

　　8. 愿意效忠英国政府和英国女王；

　　9. 参选者必须同时具备选民资格；

　　10. 必须准备 500 先令的保证金，若因选票不足而落
选，保证金不予退还。

　　这些选举条件加剧了坦盟和民众的担忧。1958 年，坦噶尼喀境
内有超过一千万的非洲本地居民，但他们的年均收入却不足 500 先
令。在区、省政府委员会以及立法委员会就职的人数甚少，其中大部
分是殖民者的傀儡。此外，众所周知，1958 年，除了少数受雇于殖民
政府的人，坦噶尼喀大多数本地人从未接受过学校教育。根据 1953
年 8 月 1 日颁布的法律规定，公务员禁止参政。所以，从事教师、公
务员等职业的人若想参政就必须辞职。

　　尽管坦盟最后在塔波拉大会上改变了决定，但不难理解为何坦
盟先前决定拒绝参加此次选举。殖民政府意图利用教育程度和财产
状况的不平等，剥夺大多数非洲本地人的参选权和投票权。即使那

些获得了投票资格的登记选民，也因为没有心仪的候选人，而被迫将
选票投给了他们本不支持的人。

1958 年 9 月 8 日至 10 日，立法委员会议员选举在五个选区进行，
采用一人三票制，即每一位选民选择三位候选人。经不同地区、不同
出身的登记选民投票，此次选举共产生了 15 位议员。1959 年 10 月 14
日，新的立法委员会召开第一次会议，尼雷尔当选为坦噶尼喀民选议
员组织（TEMO）的主席。与该组织相对的是曾在 1956 年促成坦噶尼
喀联合党创立的坦噶尼喀非官方成员组织。1958 年的立法委员会议
员选举结果对坦盟来说是一次巨大的胜利。选举结果如下所示。①

选区	候选人	族群	选票		所属党派	推选方
高原选区	J. B. M. 姆万坎戈勒 (J. B. M. Mwakangale)	非洲人	胜出	2 682	坦盟	坦盟
	J. 森凯伊(J. Senkei)	非洲人	失败	694	坦盟	个人
	F. 乌古鲁姆 (F. Ugulumu)	非洲人	失败	420	?	个人
	W. K. 姆万吉希 (W. K. Mwanjisi)	非洲人	失败	120	坦盟	个人
	A. S. 巴佳吉 (A. S. Bajaji)	亚洲人	胜出	2 744	?	坦盟

---

① *Gazeti la serikali* Vol. XXXIX，No. 48 la tarehe 26/9/1958，General Notice No.
2570. Pia tazama *Tanganyika："The Legislative Council Elections Ordinance"*，1957
(No. 29 of 1957).

（续表）

选区	候选人	族群	选票		所属党派	推选方
高原选区	R. K. 曼吉（R. K. Manji）	亚洲人	失败	1 172	?	坦盟
	切沙姆女士（Bi M. Cheshamu）	欧洲人	胜出	2 962	?	坦盟
	I. C. W. 贝顿（I. C. W. Beidoni）	欧洲人	失败	954	坦噶尼喀联合党	坦噶尼喀联合党
西部选区	阿布达拉·丰迪吉拉	非洲人	全票通过		坦盟	坦盟
	拉坦西	亚洲人	胜出	2 474	?	坦盟
	L. A. 巴提亚（L. A. Batia）	亚洲人	失败	1 056	?	个人
	N. A. 帕特利（N. A. Pateli）	亚洲人	失败	235	?	个人
	R. P. 帕特利（R. P. Pateli）	亚洲人	失败	213	?	个人
	J. H. 贝克（J. H. Baka）	欧洲人	全票通过		?	?
东部选区	J. K. 尼雷尔	非洲人	胜出	2 628	坦盟	坦盟
	帕特里克·库南比	非洲人	失败	802	坦盟	个人
	A. H. 贾马利（A. H. Jamali）	亚洲人	胜出	2 672	?	坦盟
	S. M. 帕特利（S. M. Pateli）	亚洲人	失败	601	?	?
	F. K. 伊萨（F. K. Isa）	亚洲人	失败	157	?	?
	G. T. 路易斯（G. T. Lewisi）	欧洲人	全票通过		?	?

（续表）

选区	候选人	族群	选票		所属党派	推选方
坦噶尼喀选区	J. 科托（J. Keto）	非洲人	胜出	3 455	坦盟	坦盟
	P. C. 姆坦博（P. C. Mtambo）	非洲人	失败	1 845	坦噶尼喀联合党	坦噶尼喀联合党
	祖拜利·姆特弗	非洲人	失败	53	坦噶尼喀非洲人国民大会	坦噶尼喀非洲人国民大会
	P. 恩卡涅姆卡（P. Nkanyemka）	非洲人	失败	49	?	?
	B. 克利希纳（B. Krishna）	亚洲人	胜出	3 550	?	坦盟
	M. 胡赛因（M. Huseini）	亚洲人	失败	1 435	?	?
	F. S. 卡姆巴里亚（F. S. Kambalia）	亚洲人	失败	350	?	?
	M. A. 阿亚泽（M. A. Ayazi）	亚洲人	失败	76	?	?
	R. N. 唐纳森（R. N. Donadisoni）	欧洲人	胜出	3 439	?	?
	W. D. 利德（W. D. Lidi）	欧洲人	失败	1 972	?	?
北部选区	S. K. 埃利尤弗（S. K. Eliufoo）	非洲人	胜出	3 348	坦盟	坦盟
	S. K. 乔治	非洲人	失败	1 275	?	?
	S. 穆斯塔法（S. Mustafa）	亚洲人	胜出	2 248	?	坦盟
	H. K. 维兰（H. K. Virani）	亚洲人	失败	864	坦噶尼喀联合党	?

（续表）

选区	候选人	族群	选票		所属党派	推选方
北部选区	M. 谢里夫 （M. Sharifu）	亚洲人	失败	682	?	?
	N. M. 梅塔 （N. M. Mehta）	亚洲人	失败	660	?	?
	D. 比哈尔（D. Behali）	亚洲人	失败	169	?	?
	D. M. N. 布莱森 （D. M. N. Braisoni）	欧洲人	胜出	3 348	?	坦盟
	J. M. 亨特 （J. M. Hanta）	欧洲人	失败	1 323	?	?
"?"代表候选人的所属党派未知						

在此情形之下，殖民政府不得不承认坦盟的实力和民众力量的强大。贝顿先生和他创立的坦噶尼喀联合党惶恐不安。殖民政府的各路傀儡也开始蠢蠢欲动，尽管其中一些人只有口头上表达政治倾向的勇气。而此时的坦噶尼喀非洲人国民大会党陷入了走投无路的艰难境地。

1958 年立法委员会议员选举的获胜使坦盟的实力得到增长，人民对坦盟的信任程度也有所提高，人民争取独立的愿望更加清晰。1959 年 2 月 9 日至 17 日的选举结果进一步证实了坦盟的胜利。本次选举的结果如下所示。①

---

① Majina ya wagombea viti yalitangazwa katika *Gazeti la serikali*（toleo maalumu）Vol. X，Na. 4 la tarehe 15/1/1959. Matokeo ya kura yalitangazwa katika *Gazeti la Serikali* Vol. XL Na. 13，la tarehe 27/2/59.

选区	候选人	族群	选票		党派	推选方
达累斯萨拉姆（市）选区	R. M. 卡瓦瓦	非洲人	全票通过		坦盟	坦盟
	K. K. 贾维利 （K. K. Javeri）	亚洲人	胜出	4 281	无	坦盟
	G. M. 达亚博士 （Dk. G. M. Daya）	亚洲人	失败	2 023	？	？
	D. F. 赫西（D. F. Hisi）	亚洲人	胜出	4 869	？	？
	T. W. 泰勒 （T. W. Tareli）	欧洲人	失败	1 434	坦噶尼喀联合党	？
南部选区	L. N. 希贾奥纳 （L. N. Sijaona）	非洲人	全票通过		坦盟	坦盟
	S. P. 坦齐 （S. P. Tanki）	亚洲人	胜出	2 243	？	？
	M. B. 维西 （M. B. Versi）	亚洲人	失败	900	？	？
	D. L. 斯塔林博士 （Dk. D. L. Stelingi）	欧洲人	全票通过		无	坦盟
西湖选区	保罗·博玛尼	非洲人	全票通过		坦盟	坦盟
	C. K. 帕特利 （C. K. Pateli）	亚洲人	全票通过		？	？
	J. S. 曼恩（J. S. Mani）	欧洲人	全票通过		？	？
东湖选区	C. G. 卡哈马 （C. G. Kahama）	非洲人	全票通过		坦盟	坦盟
	N. K. 拉克希曼 （N. K. Laksimani）	亚洲人	全票通过		？	坦盟
	B. C. 约翰逊 （B. C. Jonsoni）	欧洲人	全票通过		？	坦盟

（续表）

选区	候选人	族群	选票	党派	推选方
中部选区	M. M. 基赫勒	非洲人	全票通过	坦盟	坦盟
	A. 卡苏姆(A. Kasumu)	亚洲人	全票通过	?	坦盟
	H. W. 汉纳博士 (Dk. H. W. Hana)	欧洲人	全票通过	?	坦盟
	"?"代表候选人的所属党派未知				

所有来自坦盟的候选人均在选举中全票通过。同样地，所有得到坦盟支持的亚洲、欧洲候选人也都顺利当选。帮助欧洲和亚洲候选人的行为，也促使坦盟能够在选举中获得胜利。在立法委员会中，坦盟在政治治理、讨论和决策上占有绝对的统治地位，因此坦盟有能力加快宪法改革进程，实现独立。

1959 年选举结束之后，立法委员会立即召开了第一次大会。会议由书记 A. Y. 卡利姆杰(A. Y. Karimjee)和副书记、殖民地官员 H. 鲁古沙(H. Lugusha)主持进行。新的立法委员会共有 30 位议员，均为民选产生。

（九）组建内阁

1959 年 7 月，总督理查德·特恩布尔决定下放政府部委权力，为人民在不久的将来掌权做好准备。废除各部副部长一职，保留常务委员会，但将委员会的部分事务交由内阁接管。总督从立法委员会的民选议员中任命了 5 名议员担任部长职位，部长总人数增至 12

人。另外 7 名部长来自政府常务委员会。5 位新任部长分别为：矿业与贸易部部长德里克·布莱森（Dereki Braisoni），卫生部部长S. N. 埃利尤弗（S. N. Eliufoo），国土与测量部部长阿布达拉·丰迪吉拉，政府城市、街道和工程部部长阿米利·贾马利（Amiri Jamali），合作部部长 C. G. 卡哈马。

接受任命的议员成为立法委员会中的任命议员。1959 年的立法委员会的议员构成如下所示。立法委员会由书记领导，议员分为任命议员、民选议员和部长议员。其中任命议员 28 人，包括 7 位来自常务委员会的委员，5 位来自立法委员会的部长委员，以及 16 位来自社会各界的任命议员。民选议员共 25 人，均由民选投票产生。除此之外，另设 5 位部长议员席位。

从人数上看，任命议员比民选议员多 3 人。虽然双方大多数议员都支持坦盟，但尼雷尔决定在民选议员人数超过政府任命议员人数之前，不进入这个委员会。尼雷尔做出了明智的决定。若加入委员会，尼雷尔很有可能会被殖民政府收买，而独立斗争离不开尼雷尔的领导，民族独立的到来也会因此延缓。

（十）责任政府

自 1959 年起，坦盟开始强调早日确定建立责任政府、实现民族独立的时间。坦盟也在为所有达到投票年龄的公民争取投票权。除此之外，为将国家民族自由掌握在非洲人自己手中，坦盟还要求增加民选议员人数，同时废除非、亚、欧三方人数均等的三级种族投票制。

坦盟还强烈反对本土殖民官员委员会等机构的设立。1957 年,坦盟的这一主张得到了联合国代表团的支持,随后又得到联合国大会的支持。

(十一) 1959 年 5 月组建的拉梅奇委员会

1959 年大选之后,根据爱德华·川宁总督的承诺,拉梅奇委员会成立。该委员会主要负责研究现有问题并就宪法的重大修改提出建议,同时向当时的本土殖民官员委员会提供咨询。拉梅奇委员会由以下成员组成。

姓　　名	职　　务	备　　注
理查德·拉梅奇(Rikardo Rameji)	主席	来自英国
H. 鲁古沙	副主席	坦噶尼喀联合党
J. K. 巴卡利(J. K. Bakari)	委员	坦盟
M. K. 巴尔加沙(M. K. Baragasha)	委员	坦噶尼喀联合党
保罗·博玛尼	委员	坦盟
切沙姆女士	委员	坦盟
J. 戴维斯女士(Bi J. Devisi)	委员	?
W. E. M. 道森(W. E. M. Dasoni)	委员	?
A. 卡苏姆	委员	坦盟
R. M. 卡瓦瓦	委员	坦盟
J. 科托	委员	坦盟

（续表）

姓　　名	职　务	备　　注
约翰内斯·马鲁玛（Yohana Maruma）	委员	？
拉坦西	委员	坦盟
L. N. 希贾奥纳	委员	坦盟
G. W. Y. 哈基索（G. W. Y. Hakiso）	书记员	？

成立委员会的主要目的有：

1. 审查 1955 年代表权法是否仍在生效。确保少数群体在议会中的代表人数。控制委员人数的增长。同时，委员会将对代表权和选区范围的变动，以及三级种族选举投票流程的调整提供建议。

2. 若总督认为需要选拔专门的立法委员会委员，则由拉梅奇委员会负责发布公告，明确委员资格要求和选拔方式。

3. 审查选民资格并提出建议。如确需调整，委员会负责提出方案。

4. 调查由本土殖民官员和各界社会名流组成的所谓全国委员会是否存在。（这件事遭到了坦盟的强烈反对）

根据拉梅奇委员会提交的报告，总督理查德·特恩布尔于 1959 年 10 月 20 日在立法委员会宣布：

1. 将原定于 1962 年举行的全国大选改为 1960 年 9 月举行；

2. 原有的选民必须将手中的三票分别投给非、亚、欧的候选人的投票方式已被废除。

1959 年 12 月 12 日,拉梅奇委员会发布公告称在与英国殖民部长伊恩·麦克劳德(Ayani Makleodi)交换意见后,总督理查德·特恩布尔在立法委员会上再次宣布:"考虑到国内发展与和平局势,坦噶尼喀将在 1960 年大选后组建责任政府。"拉梅奇委员会发布的公告里的大部分观点得到认可。委员会的公告内容如下:

1. 立法委员会将有 71 位民选委员;

2. 在 71 个席位中,50 个席位向社会各界人士开放;

3. 11 个席位留予亚洲竞选人;

4. 10 个席位留予欧洲竞选人;

5. 少数负责专门事务的委员仍由总督任命产生;

6. 委员会提议以区代省,成立新的选区单位;

7. 麦克劳德否决了本委员会提出的以是否纳税作为能否成为登记选民的方案,并给出以下提议:

(a) 选民掌握英语;

(b) 选民年收入不低于 1 500 先令;

(c) 选民登记时应有,或曾经拥有过法律认可的工作或头衔。

麦克劳德的提议使女性能够参与投票。特恩布尔代表英国女王在内阁宣布"立法委员会中的民选委员人数须多于代表女王和政府利益的委员人数"。坦盟此前曾向政府提出这一建议。尽管总体而言,选民资格条件仍带有歧视性,但这项决定本身就是坦盟诉求得到实现的体现。因此,该条声明可以说是坦盟阶段性胜利的体现。

(十二) 1960 年第二次大选

在此次大选中,约有 885 000 人通过资格审查成为登记选民。截至 1960 年 7 月 18 日,86 位竞选者提交参选申请,他们将共同竞争 71 个立法委员会席位。在坦盟推选的 71 位竞选者中,70 人赢得选举。唯有阿米尔·多多不敌以个人名义参选的萨尔瓦特(Sarwati),在竞争中落选。7 月 29 日,选举结果显示 58 位候选人获全票通过,其中有 8 位欧洲候选人,11 位亚洲候选人以及包括尼雷尔在内的 39 位非洲候选人。此外,值得一提的是,在这 58 位代表坦盟的候选人中,一部分是坦盟党员(仅限于非洲本地人),另一部分是支持坦盟的欧洲人和亚洲人。[1]

	选 举 结 果				
编号	姓　　名	席位	选　区	族群	推选方
1	J. K. 尼雷尔	开放席	达累斯萨拉姆 (Dar es Salaam)	非洲人	坦盟
2	K. L. 贾维利(K. L. Javeri)	亚洲席	达累斯萨拉姆	亚洲人	坦盟

---

① J. C. Taylor, *The Political Development of Tanganyika*, London, OUP, 1963, uk. 181.

（续表）

编号	姓　名	席位	选区	族群	推选方
		选　举　结　果			
3	D. N. M. 布莱森	欧洲席	达累斯萨拉姆	欧洲人	坦盟
4	A. Z. N. 斯瓦伊（A. Z. N. Swai）	开放席	阿鲁沙（Arusha）	非洲人	坦盟
5	S. 穆斯塔法	亚洲席	阿鲁沙	亚洲人	坦盟
6	A. P. 马蒂斯（A. P. Matisi）	欧洲席	阿鲁沙	欧洲人	坦盟
7	C. G. 卡哈马	开放席	布科巴（Bukoba）	非洲人	坦盟
8	S. L. 姆哈那（S. L. Muhana）	亚洲席	布科巴	亚洲人	坦盟
9	E. 巴隆戈（E. Barongo）	开放席	布苏比（Busubi）	非洲人	坦盟
10	J. M. 卢辛德（J. M. Lusinde）	开放席	多多马（Dodoma）	非洲人	坦盟
11	阿尔努鲁·卡苏姆（Alnuru Kasamu）	亚洲席	多多马	亚洲人	坦盟
12	B. D. 姆维扎（B. D. Mwiza）	开放席	盖塔（Geita）	非洲人	坦盟
13	F. 姆丰多（F. Mfundo）	开放席	汉德尼（Handeni）	非洲人	坦盟
14	S. M. A. 姆欣达伊（S. M. A. Msindai）	开放席	伊兰巴（Iramba）	非洲人	坦盟
15	P. S. 希约沃勒瓦（P. S. Siyovelwa）	开放席	伊林加（Iringa）	非洲人	坦盟

（续表）

		选	举	结	果	
编号	姓 名	席位	选 区	族群	推选方
16	巴佳吉（Bajaji）	亚洲席	伊林加	亚洲人	坦盟
17	切沙姆女士	欧洲席	伊林加	欧洲人	坦盟
18	萨义德·A.马索尼亚	开放席	卡哈马（Kahama）	非洲人	坦盟
19	特蕾莎·恩塔莱女士（Teresa Ntare（bi))	开放席	卡祖鲁（Kazulu）	非洲人	坦盟
20	G. 通泽（G. Tunze）	开放席	基博多（Kibondo）	非洲人	坦盟
21	K. A. 阿贝德（K. A. Abedi）	开放席	基戈马（Kigoma）	非洲人	坦盟
22	M. N. M. 卡马利泽（M. N. M. Kamaliza）	开放席	基洛萨（Kilosa）	非洲人	坦盟
23	K. R. 巴加德勒（K. R. Bagadele）	开放席	基尔瓦（Kilwa）	非洲人	坦盟
24	特瓦·赛义德·特瓦	开放席	基萨拉维（Kisarawe）	非洲人	坦盟
25	M. S. 豪勒（M. S. Haule）	开放席	孔多阿（Kondoa）	非洲人	坦盟
26	F. C. 马桑加（F. C. Masanja）	开放席	昆坝（Kwimba）	非洲人	坦盟
27	L. N. 希贾奥纳	开放席	林迪（Lindi）	非洲人	坦盟
28	A. 那扎拉利（A. Nazarali）	亚洲席	林迪	亚洲人	坦盟

（续表）

		选 举 结 果			
编号	姓　名	席位	选　区	族群	推选方
29	S. S. 查夏玛（S. S. Chamshama）	开放席	卢索托（Lushoto）	非洲人	坦盟
30	K. T. 米勒（K. T. Mila）	欧洲席	卢索托	欧洲人	坦盟
31	S. R. 万布拉（S. R. Wambura）	开放席	马索阿（Maswa）	非洲人	坦盟
32	O. S. 卡姆博纳（O. S. Kambona）	开放席	莫罗戈罗（Morogoro）	非洲人	坦盟
33	A. H. 贾马利	亚洲席	莫罗戈罗	亚洲人	坦盟
34	D. J. 萨马拉索（D. J. Samaraso）	欧洲席	莫罗戈罗	欧洲人	坦盟
35	N. M. 赫利吉（N. M. Hiriji）	亚洲席	莫希（Moshi）	亚洲人	坦盟
36	卡桑加·通博	开放席	姆潘达（Mpanda）	非洲人	坦盟
37	S. M. 阿里（S. M. Ali）	开放席	姆帕帕（Mpwapwa）	非洲人	坦盟
38	J. K. 尼雷尔	开放席	穆索马（Musoma）	非洲人	坦盟
39	保罗·博玛尼	开放席	姆万扎（Mwanza）	非洲人	坦盟
40	N. K. 拉克希曼	亚洲席	姆万扎	亚洲人	坦盟
41	B. C. 约翰内斯（B. C. Yohana）	欧洲席	姆万扎	欧洲人	坦盟

（续表）

	选 举 结 果				
编号	姓　名	席位	选区	族群	推选方
42	R. M. 卡瓦瓦	开放席	纳钦圭阿 (Nachingwea)	非洲人	坦盟
43	G. B. 乌拉亚（G. B. Ulaya）	开放席	恩琼贝（Njombe）	非洲人	坦盟
44	博克-姆南卡	开放席	北马拉(N. Mara)	非洲人	坦盟
45	H. 泽奥塔(H. Ziota)	开放席	恩泽戈（Nzega）	非洲人	坦盟
46	E. A. 基森格	开放席	帕雷（Pare）	非洲人	坦盟
47	T. 穆罕默德女士（T. Mohamedi（bi））	开放席	鲁菲济（Rufiji）	非洲人	坦盟
48	J. G. 鲁皮亚（J. G. Rupia）	开放席	希尼安加 (Shinyanga)	非洲人	坦盟
49	R. M. 坤迪亚（R. M. Kundya）	开放席	辛吉达(Singida)	非洲人	坦盟
50	I. J. 姆哈伊奇（I. J. Mhaiki）	开放席	松盖阿(Songea)	非洲人	坦盟
51	阿布达拉·丰迪吉拉	开放席	塔波拉（Tabora）	非洲人	坦盟
52	F. L. 苏马拉（F. L. Sumara）	亚洲席	塔波拉	亚洲人	坦盟
53	A. 肖特(A. Shoti)	欧洲席	塔波拉	欧洲人	坦盟
54	E. A. 马格尼亚	开放席	坦噶滨海区 (Tanga Pwani)	非洲人	坦盟

（续表）

选 举 结 果					
编号	姓　　名	席位	选　区	族群	推选方
55	B. 克利希纳	亚洲席	坦噶城（Tanga Mjini)	亚洲人	坦盟
56	E. 马康达女士（E. Makwanda（Bi))	欧洲席	坦噶城	欧洲人	坦盟
57	文森特·姆蓬吉	开放席	通杜鲁（Tunduru)	非洲人	坦盟
58	C. M. 卡皮利马(C. M. Kapilima)	开放席	乌兰戈（Ulanga)	非洲人	坦盟

在有多位候选者的选区里，选举于 1960 年 8 月 30 日开始进行。与坦盟竞争席位的包括 2 位坦噶尼喀非洲人国民大会党党员和 10 位个人参选者。除了竞选姆布鲁区（Mbulu)代表委员席位的阿米尔·多多，坦盟的其他 11 位参选者均顺利获得席位。此外，坦盟支持的 2 位欧洲参选者也以多数票击败对手。选举结果如下表所示。①

选区	候选人	席位	族群	推选方	党派	选票	备注
巴加莫约（Bagamoyo)	W. D. 阿齐兹（W. D. Azizi)	开放席	非洲人	坦盟	坦盟	7 498	胜出
	祖拜利·姆特弗	开放席	非洲人	坦噶尼喀非洲人国民大会党	坦噶尼喀非洲人国民大会党	67	失败

---

① *Habari za TANU*，toleo la II la tarehe 9/6/1960. Kamati Kuu ya TANU ilikutana tarehe 27/5/1960 kuteua majina ya wagombea viti.

（续表）

选区	候选人	席位	族群	推选方	党派	选票	备注
马萨西 （Masasi）	J. A. 恩尊达	开放席	非洲人	坦盟	坦盟	2 791	胜出
	P. B. 姆维达迪 （P. B. Mwidadi）	开放席	非洲人	个人	坦盟	843	失败
姆贝亚 （Mbeya）	J. B. M. 姆万坎 戈勒	开放席	非洲人	坦盟	坦盟	6 786	胜出
	G. N. 利奥特 （G. N. Lyoto）	开放席	非洲人	？	？	2 677	失败
	L. 斯塔林博士	欧洲席	欧洲人	坦盟	无	6 728	胜出
	I. C. W. 贝顿 （I. C. W. Beidoni）	欧洲席	欧洲人	个人	无	450	失败
姆布鲁 （Mbulu）	萨尔瓦特	开放席	非洲人	个人	坦盟	7 860	胜出
	阿米尔·多多	开放席	非洲人	坦盟	坦盟	7 620	失败
莫希 （Moshi）	S. N. 埃利尤弗	开放席	非洲人	坦盟	坦盟	19 742	胜出
	P. 莱玛玛 （P. Lemama）	开放席	非洲人	？	？	589	失败
	A. L. B. 贝奈特 （A. L. B. Beneti）	欧洲席	欧洲人	坦盟	无	17 753	胜出
	J. F. 米勒德 （J. F. Milado）	欧洲席	欧洲人	？	？	531	失败
姆特瓦拉 （Mtwara）	A. K. 沙巴（A. K. Shaba）	开放席	非洲人	坦盟	坦盟	3 320	胜出
	M. J. 姆维尼阿 拉维（M. J. Mwinyialawi）	开放席	非洲人	坦噶尼喀 非洲人国 民大会党	坦噶尼喀 非洲人国 民大会党	61	失败

（续表）

选区	候选人	席位	族群	推选方	党派	选票	备注
内瓦拉 （Newala）	R. F. M. 萨伊德 （R. F. M. Saidi）	开放席	非洲人	坦盟	坦盟	4 846	胜出
	贾斯汀·姆蓬达	开放席	非洲人	?	坦噶尼喀 联合党	209	失败
伦圭 （Rungwe）	J. S. 卡桑巴拉 （J. S. Kasambala）	开放席	非洲人	坦盟	坦盟	4 490	胜出
	J. M. 森凯伊（J. M. Sankei）	开放席	非洲人	个人	坦盟	142	失败
坦噶 （Tanga）	M. M. 基赫勒	开放席	非洲人	坦盟	坦盟	8 133	胜出
	R. N. 唐纳森	开放席	欧洲人	个人	?	227	失败
乌菲帕 （Ufipa）	L. P. 丹特斯（L. P. Dantesi）	开放席	非洲人	坦盟	坦盟	1 981	胜出
	B. 吉佩莱（B. Kipele）	开放席	非洲人	个人	坦盟	1 341	失败
	L. E. 平达（L. E. Pinda）	开放席	非洲人	个人	无	623	失败
乌凯雷韦 （Ukerewe）	N. 布哈托瓦（N. Buhatwa）	开放席	非洲人	坦盟	坦盟	8 893	胜出
	M. 苏莱曼（M. Sulemani）	开放席	非洲人	个人	?	5 244	失败

（十三）1960 年组建的内阁

大选刚刚结束，尼雷尔就受命着手组建新一届内阁。由于原有的常务委员会已被解散，新的内阁负责治理国家，同时就国家的大政方针向总督提出建议。新内阁于 1960 年 9 月 3 日宣誓就职,成员如下:总理尼雷尔;大法官欧内斯特·瓦斯(Ernesi Vasi);财政部部长 J. S. R. 科勒(J. S. R. Kole);新闻部部长 M. J. 戴维斯(M. J. Devisi);国土、测量与水资源部部长阿布达拉·丰迪吉拉;卫生与劳动部部长德雷克·布莱森;内政部部长乔治·卡哈马;电力事业部部长阿米利·贾马利;农业与合作发展部部长保罗·博玛尼;教育部部长奥斯卡·卡姆博纳(Oska Kambona);基层政府与住房部部长卡瓦瓦。

总理的职责包括领导立法委员会的行政工作,以及就所有的国家大法和行政事务向总督提出建议。总书记一职在称呼上变更为副总督。由于此时的军队尚不是人民军队,故号令军队的权力仍由总督掌握。

1960 年 10 月 11 日,新一届立法委员会召开第一次大会,共有 81 位委员出席,其中包括 52 位非洲委员,16 位欧洲委员,13 位亚洲委员(11 位印度委员,1 位阿拉伯委员,1 位果阿委员),以及 10 位任命委员。亚洲委员的三方构成体现出亚洲人的政治力量已有分离之势。

责任政府成立初始,坦盟就向社会各界人士敞开了参政的大门。此举广受人民欢迎,因为它不仅兑现了 1958 年在欢迎人民群众加入坦盟时许下的承诺,还使亚洲人和欧洲人得以参与党务和各级政府事务。民众因此踊跃加入坦盟。除此之外,来自欧洲的切沙姆女士和来自亚洲的阿尔努鲁·卡苏姆先生也当选为坦盟委员会委员，负责立法委员会相关事务。这进一步显示出无论是对欧洲人，还是亚洲人，坦盟均一视同仁。

虽然坦噶尼喀独立的日期仍迟迟得不到确定，但人民并未放弃希望。原定于1961年3月在伦敦召开的最后一次制宪会议暂定于1961年3月17日在达累斯萨拉姆召开，殖民部长伊恩·麦克劳德及其顾问团队将代表英国女王出席会议。

殖民部长在会上宣布，坦噶尼喀将于1961年5月1日起组建完整的自治政府，并将于1961年12月28日实现完全独立。为便于菲利普亲王代表英国女王出席独立庆典，独立的日期被提前至1961年12月9日。这一天是坦噶尼喀人民梦想变为现实的日子。国家的独立标志着旧历史的终结，同时也意味着新篇章的开启，意味着为消除愚昧、疾病与贫穷而斗争，为实现坦桑尼亚人民的发展而奋斗。

（十四）独立的到来

1961年12月9日，坦噶尼喀迎来了独立。然而，坦桑尼亚人仍需扪心自问：1961年的独立对于普通公民、坦盟领袖、各级政府公务员、宗教领袖们而言都意味着什么。同样还需厘清，殖民者们所指的独立究竟是什么。如果所谓独立并未触及不同社会群体的权益，并且未能改善独立前后产生的种种问题，那么新的历史时代就无法真正到来。

（十五）欢庆独立

独立的喜讯传来之后，坦噶尼喀各地人民不约而同地开展了各

式各样的庆祝活动。舞蹈、歌曲、欢呼、比赛、演讲,欢乐的活动将庆
典的气氛推向了高潮。

彼时,坦噶尼喀非洲人国民大会党是坦盟唯一的反对党。坦噶
尼喀联合党于 1957 年解散,1957 至 1958 年间成立的其他具有种族
歧视性质的马萨西民族联盟和坦噶尼喀全体穆斯林民族联盟等政党
也因坦盟的抵制而失败。

尽管这些反对势力仍继续保持政党身份,但在独立到来之时,所
有人都忘却了政治上的异见,共同欢庆独立。然而,也有一些并不乐
于见到坦噶尼喀独立的群体,直到独立之时,仍顽固地坚持反对立
场。例如,1962 年离开驻英国大使馆后组建人民民主党的卡桑加·
通博。还有一部分人虽然不是坦盟的正式党员,但他们通过精神、行
动和物质援助支持并推动坦盟的解放事业。民族的独立让所有人都
感到欢欣鼓舞。而出于对坦盟的信赖,即使出身不同,社会各界的人
民也都在这一天尽情欢庆。

曾在独立斗争过程中向坦盟提供过帮助的社会群体在全国各地
举办庆典。尼雷尔和各级领导干部发表演讲,帮助民众理解独立的
含义和以和平的方式进行庆祝的重要性。因此,即使那些曾经对独
立有所误解的少数人,也没有因为自己的利益而扰乱独立庆典。全
国上下,一片安定,既没有针对外国人的抢劫,也没有非洲本地人发
起的排外歧视事件。

社会上仅有极个别的负面事件发生。例如在林迪,一位欧洲移

民企图抹黑坦盟，破坏独立庆典。他将坦盟的党旗扯下，并在狗的脖颈上绑上字条："尽管你们今天在庆祝独立，但你们的处境并没有比我的狗好到哪里去。"坦盟对他实施了抓捕，独立政府随后下令在 7 天内将他驱逐出境。此后，每当政府发现其他欧洲移民有类似行为时，都会采取相应的措施。

.

第八章
坦桑尼亚岛屿地区民族独立运动

坦桑尼亚岛屿地区的历史与大陆地区的历史不尽相同。但是，几个世纪以来，这两个地区一直保持着密切的联系。大部分岛屿居民都来自大陆地区。18 至 19 世纪间，一些来自马拉维、赞比亚和扎伊尔等地的非洲人作为奴隶来到了桑给巴尔岛。奴隶贸易被废除以后，许多来自坦桑尼亚大陆的非洲人或为求学，或为务工前往桑给巴尔岛，其中一部分人选择在桑给巴尔岛定居。从起源上讲，大陆和岛屿地区的非洲人在血统上没有高低贵贱之分。

一、统一运动

如前所述，1832 至 1895 年，坦桑尼亚岛屿地区处于以素丹为首的阿拉伯政府的残暴统治之下。

1896 年，英国正式接管坦桑尼亚岛屿地区，同时保留了素丹制度。桑给巴尔地区的素丹与大陆地区的本土殖民官员有着相似的作用，他们都是帮助英国施行殖民统治的傀儡。但不同的是，坦桑尼亚大陆的本土殖民官员是非洲裔的本地人，而桑给巴尔的素丹是阿拉伯人。虽然地位居于英国公使之下，但素丹仍是温古贾岛（Unguja）

和奔巴岛(Pemba)的实际统治者。由于这一时期颁布的所有法律都是为了维护和巩固阿拉伯人和英国人的暴虐统治，所以英国人和阿拉伯人皆为殖民者。

1926 年，英国殖民政府当局颁布了一条法律，决定设立立法委员会和执行委员会。两个委员会都基本沿用了大陆地区两个委员会的章程。立法委员会由 17 位委员组成，其中 4 位为英国殖民政府的高级官员。剩下的委员席位由任命产生，其中 5 位由英国公使从英国殖民官员中选出。至此，英国殖民政府已经占据了立法委员会的 9 个席位，还有 8 个席位留予非政府委员。

非政府委员有 8 个席位，其中包括 3 名阿拉伯人、2 名设拉子人(Washirazi)、2 名印度人和 1 名欧洲人。这些代表均由素丹根据英国公使的建议任命。印度人和阿拉伯人同属亚洲人，设拉子人否认非洲人身份而维护亚洲人的利益。这样的席位分配结构一直保持到 1955 年，换言之，非洲本地人直到 1955 年才获准参与立法委员会。

素丹在英国公使的协助之下领导执行委员会，立法委员会由英国公使直接领导。执行委员会由 8 位政府高级官员、3 位殖民地官员组成，所有委员均为英国人。1956 年，素丹失去领导权，执行委员会的领导权全部归于英国公使一人。同年，设拉子人首次获任执行委员会委员，但非洲裔本地人迟迟没有获得代表席位。

早在 1948 年就曾有人提议以选举的方式产生立法委员会委员，但该建议直到 1957 年才得以实施。根据 1956 年制宪委员会的提议,立法委员会将由英国公使继续领导并管理所有事务,由 25 位委员组成。他们是 4 位政府官员,9 位英国殖民地官员,6 位平民委员,以及 6 位通过选举产生的委员。

立法委员会章程的调整也带来了桑给巴尔岛政党的变动。1955年,阿拉伯人组建了桑给巴尔的第一支政党——桑给巴尔民族主义党(ZNP)。尽管该党从名称上看是一支民族主义政党,但事实上,它与阿拉伯人协会(A. A.)一样,是一支只捍卫阿拉伯人利益且带有种族歧视性质的政党。

阿拉伯人协会在经济和社会领域的种族歧视不仅加剧了阿拉伯人和本土非洲人的冲突,而且进一步加深了非洲本地人和设拉子人之间的仇视。因此,在发现阿拉伯人分裂非洲人和设拉子人的阴谋诡计后,桑给巴尔人民决定将设拉子人协会和非洲人协会联合起来,组建非洲—设拉子联盟(ASU,Afro-Shirazi Union)。该联盟于 1957年 2 月 5 日成立,阿贝德·阿马尼·卡鲁姆(Abeidi Amani Karume)是第一任主席。桑给巴尔地区的本土非洲人也因此第一次登上了政治舞台。但是,两个协会的联合却并不完全是非洲人协会和设拉子人协会努力的结果。

非洲—设拉子联盟的成立是由多方力量促成的。首先,在其他殖民地国家民族解放运动的带动之下,本地人民政治意识觉醒程度较高。1947 年印度获得独立,1957 年加纳也获得了独立。同时,埃及电台不断向仍在被统治、受压迫的殖民地人民进行广播宣传。

1958 年在阿克拉（Akra）举行的第一次非洲独立国家会议也对桑给巴尔地区和其他殖民地产生了很大影响。

非洲人协会也带来了民族政治意识觉醒。尽管此协会在章程上与坦噶尼喀非洲人协会分离，但其先后与坦噶尼喀非洲人协会和坦盟在协商的基础上保持稳定的联系。1957 年 2 月，尼雷尔在前往出席加纳独立日庆典之时取道桑给巴尔。当时，桑给巴尔的非洲人和设拉子人正面临竞选立法委员会席位的难题。这次选举暴露出桑给巴尔人民在政治上的准备不充分。阿拉伯人及其桑给巴尔民族主义党宣称他们是桑给巴尔人民的唯一代表。面对如此形势，非洲人和设拉子人均拒绝参加选举。尼雷尔劝说他们应当联合起来，团结一致，争取在第一次大选中当选。①

（一）第一次选举

显而易见，非洲—设拉子联盟的成立对桑给巴尔民族主义党造成了严重的威胁。这加剧了民族主义党对非洲—设拉子联盟的敌视。两党间的关系在 1957 年选举结果公布后更是急转直下。非洲—设拉子联盟在这次选举中大获全胜，获得了全部 6 个委员席位。民族主义党主席阿里·姆胡西尼·巴尔瓦尼（Ali Muhusini Barwani）被非洲—设拉子联盟的主席阿贝德·卡鲁姆击败。相比之下，民族主义党处境尴尬。

---

① John Middleton and Jane Campbell, *Zanzibar: Its Society and its Politics*, London, I. R. R.（OUP, 1965）; uk. 49.

1959 年 12 月，英国殖民政府称要将桑给巴尔的统治权交予其附庸——素丹及民族主义党。非洲—设拉子联盟的部分党员，特别是领导人，在此声明影响之下退出了非洲—设拉子联盟。穆罕默德·沙姆特(Muhamedi Shamte)和北奔巴区(Jimbo la Pemba Kaskazini)代表阿梅利·塔加(Ameri Tajo)等人在退党后组建了桑给巴尔和奔巴人民党(Zanzibar and Pemba Peoples' Party，ZPPP)。阿贝德·卡鲁姆和北桑给巴尔区的代表达乌迪·穆罕默德(Daudi Mahamudi)将非洲—设拉子联盟更名为非洲—设拉子党(ASP，Afro-Shirazi Party)。此后非洲—设拉子党成为非洲本地人和设拉子人的政党。

(二) 1961 年 1 月第二次选举

立法委员会的第二次选举于 1961 年 1 月进行。本次选举的章程有一些重大调整。首先，允许女性投票。其次，非政府席位增加至 29 个。其中 22 个委员席位由民众投票选出，每个选区一位。选举章程废除了执行委员会，新设内阁会议。同时章程还规定了总理将由获胜党派的领导人担任。分配给政府高官的委员席位减少，废除了直接从公务员或殖民地官员中任命委员的程序。非洲—设拉子党、桑给巴尔民族主义党以及桑给巴尔和奔巴人民党都可以参选。

根据选举结果，非洲—设拉子党获 10 个席位，民族主义党 9 个席位，人民党 3 个席位。但由于殖民者对民族主义党的偏袒，他们游说了两位人民党委员加入了民族主义党。因此，民族主义党最终占 11 个席位。人民党的另一位委员选择加入非洲—设拉子党。至此，两党所获席位一致,均无法组建政府。直到 1961 年 6 月选举结果出来前,政府秘书长暂任总理一职。

(三) 1961 年 6 月第三次选举

桑给巴尔第三次选举定于 1961 年 6 月举行。本次选举中,选区的数量由 22 个增加到 23 个。从竞选到投票,民族主义党和非洲-设拉子党之间的敌意与日俱增,两党冲突甚至导致了超过 65 人死亡,数百人受伤。敌对情绪意味着桑给巴尔各地人民并未实现团结统一。正如后文所要论述的那样,分裂冲突也为 1964 年 1 月革命埋下了伏笔。桑给巴尔岛共投出 48 991 张选票,奔巴岛共投出 44 927 张选票。非洲—设拉子党共获得 29 431 张桑给巴尔岛选票,15 741 张奔巴岛选票。民族主义党共获得 15 010 张桑给巴尔岛选票,16 671 张奔巴岛选票。人民党在桑给巴尔岛仅获得了 1 852 张来自马孔杜奇(Makunduchi)选区的选票,其他选区未获一票。但在奔巴岛,人民党共获得 10 559 张选票。

根据选举结果,非洲—设拉子党在桑给巴尔岛获得 8 个席位,在奔巴岛获得 2 个席位,共计 10 个委员席位。民族主义党在桑给巴尔岛和奔巴岛各获 5 个席位,共计 10 个席位,与非洲—设拉子党持平。人民党在桑给巴尔岛未获席位,但在奔巴岛赢得 3 席。人民党在桑给巴尔岛仅派出一名候选人竞选马孔杜奇选区的委员,该候选人以596 票之差负于非洲—设拉子党的候选人。

选举结果也证实了人民党在桑给巴尔岛并不受欢迎,其主要阵地在奔巴岛。而非洲—设拉子党在奔巴岛的支持者人数不多。但若细究起来，选区的划分似乎失之偏颇。例如，民族主义党预判到其在某些选区的胜负，所以在一些选区中根本没有安排候选人参与竞选。

从选举结果来看，显然没有哪一支政党有资格组建政府。但这一次英国殖民者与民族主义党合谋取胜。占有 3 席的人民党与拥有 10 席的民族主义党联手，两党共占 13 个委员席位，而非洲—设拉子党仅有 10 个席位。

因此民族主义党和人民党共同组建了政府。人民党主席穆罕默德·沙姆特就任总理，所有部长均由民族主义党人担任。识破选举的阴谋后，非洲—设拉子党控告殖民政府为保证其他两党获胜而对选区进行不公平划分。该党还指责素丹赛义迪·阿卜杜拉（Seidi Abdula）对民族主义党的偏袒行为，并表示拒绝接受选举结果。然而，正如前文所述，民族主义党和人民党的政府已经组建完成。

二、 从假独立到真联合

选举期间，几个群体之间的敌对情绪激增。1962 年初，据称桑给巴尔的独立指日可待。当下最主要的问题是，独立的果实将由哪一方接手、如何接手，是桑给巴尔民族主义党还是非洲—设拉子党接手？

1962 年 3 月，民族主义党和非洲—设拉子党均派代表参加了在伦敦举行的第一次独立制宪会议。据说两党于 1963 年 9 月至 10 月就独立问题达成一致。民族主义党宣称其政府完全有权接管独立后的桑给巴尔，而非洲—设拉子党强烈反对了民族主义党的这一声明。非洲—设拉子党的反对合情合理，因为民族主义党并不能代表桑给巴尔地区的所有群体，尤其是占总人口多数的非洲裔本地人。其次，民族主义党不仅是一个带有种族歧视性质的政党，它还在选举中靠舞弊取胜。因此，非洲—设拉子党提议在独立前再进行一次大选，由票数多的党接管独立政府。

同时，非洲—设拉子党要求重新划定选区。它还建议组建一个由来自有选举经验的非洲独立国家的代表组成的公正无私的选举委员会。本次会议决定于 1963 年解散临时政府，解散后立即举行选举，并确定桑给巴尔于 1963 年底实现独立。

由于政见不同，1963 年 6 月，阿卜杜拉赫曼·穆罕默德·巴布（Abdurahamani Muhamedi Babu）脱离桑给巴尔民族主义党。在经受了 15 个月的监禁之后，出狱后的他另行组建了乌玛党（Umma Party）。乌玛党在政治上非常激进，主张立刻实现独立。许多较为激进的民族主义党党员都选择退党，转而加入了乌玛党。

第四次大选于 1963 年 7 月 8 日至 15 日举行。本次选举由民族主义党、非洲—设拉子党和人民党参选，选举过程中没有发生暴力流血事件。根据选举结果，非洲—设拉子党获得 13 个席位，民族主义党获得 12 个席位，人民党获得 6 个席位。民族主义党与人民党故技重施，继续结盟。两党共占有 18 个席位，而仅获 13 席的非洲—设拉子党又一次失去了组建政府的机会。殖民者的傀儡官员们组建了临时政府,总理一职仍由穆罕默德·沙姆特担任。六位部长中,两位来自人民党,四位来自民族主义党。1963 年 12 月 10 日,英国政府把政权移交给阿拉伯素丹的傀儡政府,桑给巴尔实现了名义上的独立。但是帝国主义者的阴谋没有得逞,被压迫的人民取得了绝对成功。被革命力量击败的帝国主义必须做出政治结构的变革。然而,此番改革并非立即完成,或是以法律和书面形式确定,而是以更激烈的斗争形式来实现。

正如选举结果所示,桑给巴尔岛人民的自由被剥夺和滥用。非洲一设拉子党既获得了多数席位,又获得了多数选票。但是英国却通过种种手段试图剥夺他们的独立,击溃他们的意志,并在 1963 年 12 月 10 日将独立政权交予代表素丹利益的桑给巴尔民族主义党。

非洲一设拉子党人没有就此放弃,而是借机筹划了一场革命。不久之后的 1964 年 1 月 12 日,准备充分、目标坚定的非洲一设拉子党在阿贝德·阿马尼·卡鲁姆的领导之下正式发动革命,推翻了沙姆特和素丹贾姆希德·阿卜杜拉(Jamshidi Abdula)的傀儡政权。桑给巴尔岛内外被压迫的人民都欢呼雀跃,对革命表示支持。

(一)革命委员会

革命委员会由非洲一设拉子党和穆罕默德·巴布领导的人民党共同组建,负责制订革命计划,监督各项革命目标的实施。其主要革命目标是为桑给巴尔社会谋福祉。革命委员会成立之后随即宣布废除封建主义和资本主义制度，推行社会主义制度，并将土地和主要的生产资料收归国有。这些举措受到岛上贫民和全世界革命者的热烈欢迎。东德、中国、苏联等社会主义国家承认桑给巴尔新的革命政府，但资本主义国家却对这一胜利大为失望。桑给巴尔一度成为社会主义和资本主义势力的角逐场。出于与桑给巴尔岛本土非洲人民同宗同源的关系，坦噶尼喀派出了一支军警部队，协助保护一月革命的胜利果实不被窃取。

有革命必然会有牺牲，但革命的价值却无法用三言两语来评述。正因如此，在1977年2月5日与坦盟合并之前，革命委员会始终牢牢掌握着领导权，监督各项目标的落实。此举遭到了意图破坏坦、桑两地的革命，阻碍两地发展的反革命派的猛烈抨击。

（二）帝国主义者未得逞之阴谋

效忠于英帝国主义者的素丹赛义迪·贾姆希德·阿卜杜拉逃往英国，但英帝国主义者千方百计地试图复辟素丹的暴政统治。为了保全亚洲人群体和帝国主义的既得利益，埃及等阿拉伯国家也对英帝国主义的复辟活动加以支持。即便如此，面对非洲—设拉子党的坚强领导，他们的种种复辟努力都没能获得成功。非洲—设拉子党教导人民尊重、珍惜、捍卫用鲜血换来的独立和自由。因此，除却那些在殖民政府和素丹政府中受益的人，所有人都对非洲—设拉子党管理下的革命委员会的领导称赞有加。

为了巩固桑给巴尔人民来之不易的独立自由，革命委员会在履行繁荣社会经济等承诺的同时，还采取了许多其他措施，例如，非洲—设拉子党不断增进与坦盟的党际关系。1964 年 4 月 26 日，桑给巴尔共和国与坦噶尼喀共和国联合成立坦桑尼亚联合共和国。尼雷尔任总统，阿贝德·阿马尼·卡鲁姆为第一副总统，自 1962 年起担任坦噶尼喀共和国副总统的卡瓦瓦为第二副总统。

坦噶尼喀和桑给巴尔的联盟是政府间的联合。联合政府共同组建部分部委，革命委员会领导的桑给巴尔政府另行组建其他部委。坦桑尼亚联合政府临时宪法承认坦桑尼亚大陆地区坦噶尼喀非洲民族联盟党和桑给巴尔地区非洲—设拉子党的合法地位。两支政党不仅真诚合作，而且自 1967 年坦盟发布《阿鲁沙宣言》后，两党实行了同样的政治路线，都以社会主义意识形态和自力更生的方针为指导。虽然最初坦噶尼喀和桑给巴尔的联合不为帝国主义者所看好，但它最后却成为对全世界反革命派的沉重一击。不仅如此，坦噶尼喀和桑给巴尔的联合更巩固了两个新生国家的独立。进犯坦噶尼喀和桑给巴尔任何一方都意味着向整个坦桑尼亚宣战。尽管这并不代表帝国主义者将放弃他们的阴谋，但此后侵犯坦桑尼亚的任何一方都不再是易事。

参考文献

Alpers，E. A. (1967). *The East African Slave Trade*. East African Publishing House.

Battershill，W. D. (1945). *Barua ya Gavana W. D. Battershill kwa Waziri wa Makoloni. kumb. Na. 172 ya 15/11/1945*.

Cameron，D. (1930). *Barua ya Gavana Donald Cameron kwa Waziri wa Makoloni. kumb. Na. 1160/134 ya 22/8/1930*.

Chambers，W.，& Chambers，R. (Eds.). (1892). *Chambers's Encyclopedia*. W. and R. Chambers.

Chidzero，B. T. G. (1961). *Tanganyika and International Trusteeship*. Oxford University Press.

Gwassa G. C. K. (1969). The German Intervention and African Resistance in Tanzania. In I. N. Kimambo & A. J. Temu (Eds.)，*A History of Tanzania*. Northwestern University Press.

Iliffe，J. (1973). *Modern Tanzanians*. East African Publishing House.

Iliffe，J. (2008). *Tanganyika under German Rule 1905-1912*. Cambridge University Press.

King，K. J. (1971). *Pan-Africanism and Education*. Clarendon Press.

Leakey，L. S. B. (1960). *Adam's Ancestors: The Evolution of Man and His Culture*. Harper & Row.

Mapunda，H. (1976). *Historia ya mapambano ya Mwafrika*. Tanzania Publishing House.

Marsh，Z.，& Kingsnorth，G. W.（1957）. *An Introduction to the History of East Africa*. Cambridge University Press.

Middleton，J.，& Campbell，J.（1965）. *Zanzibar: Its Society and Its Politics*. Oxford University Press.

Musso，M.（1968）. *Mukwava na kabila lake*. East African Literature Bureau.

Omer-Cooper，J. D.（1966）. *The Zulu Aftermath*. Northwestern University Press.

Ranger，T. O.（1969）. The Movement of Ideas，1850－1939. In I. N. Kimambo & A. J. Temu（Eds.），*A History of Tanzania*. Northwestern University Press.

Roberts，A.（Ed.）.（1968）. *Tanzania Before 1900*. Northwestern University Press.

Rodney，W.（2018）. *How Europe Underdeveloped Africa*. Verso Books.

Sutton，J. E. G.（1969）. The Settlement of East Africa. In B. A. Ogot & J. A. Kieran（Eds.），*Zamani: A Survey of East African History*. East African Publishing House.

TAA.（1930）. *Barua ya TAA Na. 11601 ya 13/10/1930 kwa Gavana，Donald Cameron，Hupatikana katika Nyaraka za Taifa Dar es Salaam*.

TAA.（1930）. *Sahihi ya barua ya TAA ya 25/7/30 kwa Chief Secretary（Katibu Nkuu）*.

TAA.（1940）. *Barua ya TAA kwa Gavana Na. AA/HQ/7 ya 3/8/1940*.

TAA.（1940）. *Maazimio ya Mkutano Mkuu wa TAA wa Mei，1940*.

TAA.（1946）. *Kumbukumbu za Mkutano wa Taa wa April 1946 juu ya Mswada Na. 191 wa Serikali ya kikoloni kuhusu kuunda Shirikisho la Afrika Mashariki na mambo mengine*.

TAA.（1945）. *Kumbukumbu za Mkutano wa Tatu wa TAA uliofanyika Dodoma 29/3－3/4/1945*.

TAA. (1946). *Maazimio ya Mkutano wa TAA wa 1946 kupinga Azimio Na. 191 ibara ya 5, la serikali ya Kiingereza kuunda Shirikisho la Afrika Mashariki.*

TAA. (1952). *Katiba ya TAA ya Mkoa wa Kaskazini (Kilimajaro).*

TANU. (1954). *Katiba ya TANU ya 1954.*

TANU. (1954). *Kumbukumbu za Mkutano Mkuu wa kwanza wa TANU wa 7/7 - 9/7/1954.*

TANU. (1954). *Uamuzi wenye Busara, uk. 2 na kumbukumbu za Mkutano wa kwanza wa TANU wa 7/7 - 9/7/54.*

TANU. (1956). *Kumbukumbu za TANU, Press Release Na. 5/7/1, Class C 23/7/56 katika Makao Makuu ya zamani ya TANU.*

TANU. (1957). *Kumbukumbu za TANU, Press Release Na. A/35/37, Class C 6/12/21 ya 25/10/1957. Makao Makuu ya zamani ya TANU.*

TANU. (1960). *Habari za TANU, toleo la II la tarehe 9/6/1960. Kamati Kuu ya TANU ilikutana tarehe 27/5/1960 kuteua majina ya wagombea viti.*

TANU. (1967). *Azimio la Arusha.* Dar es Salaam.

Taylor, J. C. (1963). *The Political Development of Tanganyika.* Stanford University Press.

Wills, A. J. (1967). *An Introduction to the History of Central Africa (2nd ed.).* Oxford University Press.

索引

译后记

本书作者希拉里·马蓬达 1932 年 8 月 29 日出生于坦桑尼亚马拉维湖畔,他的祖父达乌卡·马蓬达曾经是马及马及起义松盖阿地区的领导人之一。高中毕业后,马蓬达先后在多所学校里担任历史老师,并对政治表现出高度的热情。1970 年,马蓬达成为达累斯萨拉姆大学历史系第一届学生。毕业时,坦桑尼亚首任总统尼雷尔亲自为他拨穗,两人因此结缘。此后两人在坦盟(后改称革命党)共事多年。从达累斯萨拉姆大学毕业后,马蓬达开始在坦盟学院(现称尼雷尔纪念学院)任教并担任校长。在这一时期,马蓬达对其亲身经历和前期调研的大量访谈资料进行分析、整理、加工,写成了两部斯瓦希里语历史学著作《非洲人斗争史》(1976)和《坦桑尼亚人斗争史》(1979)。马蓬达于 2002 年 8 月 12 日因病去世,晚年一直坚持写作,但由于饱受疾病折磨,作品大多没有完结,手稿大多也已丢失。

在独立后的坦桑尼亚,尼雷尔坚定地发展社会主义和斯瓦希里语,这使坦桑尼亚一度成为非洲革命的中心。马蓬达本人既是坦桑尼亚第一批本土知识分子,又是一位坚定的革命者,他用斯瓦希里语进行学术创作,创造性地提出了很多历史学专业概念的斯瓦希里语表达法，并沿用至今。

《坦桑尼亚人斗争史》是非洲本土学者使用本土民族语言书写的民族历史，在 1995 年以前曾是坦桑尼亚中学和达累斯萨拉姆大学历史系的教科书。达累斯萨拉姆大学历史系的拉维教授指出："尽管马蓬达在书中没有对历史问题做出深入的研究和剖析，但他对于反殖民和民族解放的立场引人深思，启发了坦桑尼亚一代又一代的历史学人。"

随着民主化浪潮在非洲大陆的发展，越来越多的非洲学者选择用英语进行学术创作，而我们也很难在网络上找到有关作者的详细信息。为了获取更多的信息，本书的第二译者孔元曾两度前往坦桑尼亚寻访作者的同事和亲人，才得到了以上这些珍贵的信息。

这部作品的翻译工作由我和我的学生孔元共同完成。在翻译这部《坦桑尼亚人斗争史》的过程中，我们努力呈现原文的准确性和可读性，同时也尽力传达坦桑尼亚独有的文化特色和社会情感。翻译中也遇到了一些难题，比如特定历史事件的译名、特定文化概念的表达等。为了解决这些问题，我们查阅了大量的资料，孔元更是利用在国外学习进修的机会与坦桑尼亚的历史学研究者进行了深入的交流，并在必要时对文本进行了适当的注释，以帮助读者更好地理解。

在此，我要感谢所有在翻译过程中给予我们帮助的人。感谢我的导师李雪涛教授为我们提供的这个机会，作为非通用语的学习者和研究者，我深知翻译并出版一部斯瓦希里语著作的机会来之不易，如果没有李雪涛老师对《国别通史译丛》的整体策划,这部作品无法与读者见面;感谢编辑朱华华女士,她的专业意见帮助我们改进了译文的质量;感谢斯瓦希里语翻译专家陈莲英老师在翻译方面不吝指导;感谢肯雅塔大学副教授帕梅拉·恩古吉和德国汉堡大学沈玉宁博士在翻译过程中给予我们的建议,他们的专业知识帮助我们更准确地理解了坦桑尼亚的历史背景和语言学专有名词;我的学生于明弘、杨小越、秦祖龙和王博言参与了译稿的编校工作,其中于明弘负责全书的编校和文字润色,杨小越负责第七、八章的编校工作,秦祖龙负责第一至六章的编校工作,王博言参与了后期的文字校对工作,感谢他们为此付出的努力。

自20世纪60年代以来,有不少斯瓦希里语的文学作品有了中文译本,但使用斯瓦希里语书写的优秀学术著作仍鲜为中文世界所知。我们希望这部关于坦桑尼亚历史的翻译作品能够激发读者对坦桑尼亚乃至非洲历史的兴趣,增进对不同文化和历史的理解和尊重。

最后,我摘录孔元日记中的几句话作为后记的结尾,感谢她执着求真的精神。

> 我独自带着这本书和一束花去墓园祭拜了作者。我和守墓人以及其他来祭拜的坦桑尼亚人一起在墓园里寻找他的墓碑。大家都很疑惑:这个会说斯瓦希里语的中国人和逝者到底是怎样的关系?在微雨的大树之下,在他简朴的

墓碑之前,我和身边素昧平生的人讲起了我们和马蓬达因为《坦桑尼亚人斗争史》而结缘的故事。马蓬达的小儿子对我说:父亲离世二十年之后,他的思想被翻译到了中国,他的生命在大洋彼岸得到了延续,这是全家人的喜悦。对于我们中国的斯瓦希里语学习者而言,能让一部斯瓦希里语著作和中国读者见面,何尝不是一种喜悦?

魏媛媛

2024 年 8 月